JEHAN DE LA CITÉ

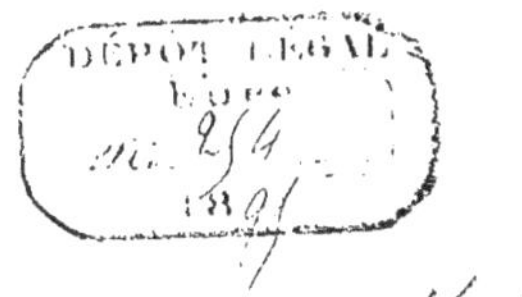

L'HOTEL DE VILLE

DE PARIS

ET LA GRÈVE A TRAVERS LES AGES

D'après Ed. FOURNIER

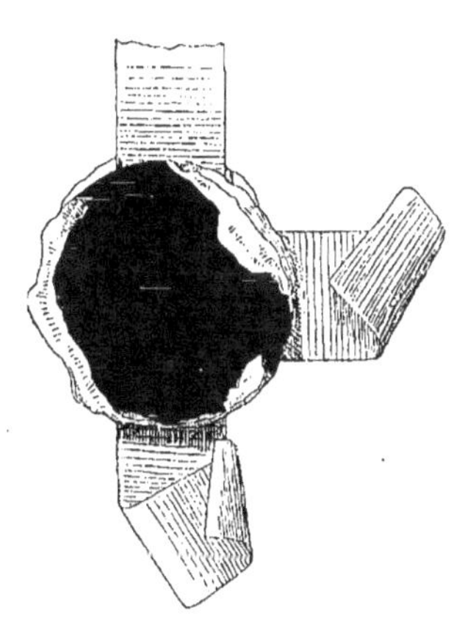

PARIS

FIRMIN-DIDOT ET Cⁱᵉ

IMPRIMEURS-ÉDITEURS

56, rue Jacob

L'HOTEL DE VILLE

DE PARIS

ET LA GRÈVE A TRAVERS LES AGES

TYPOGRAPHIE FIRMIN-DIDOT ET Cie. — MESNIL (EURE).

L'HOTEL DE VILLE ACTUEL, INAUGURÉ LE 13 JUILLET 1882. — MM. BALLU ET DEPERTHES, ARCHITECTES.
D'après une eau-forte de B. SADOUX.

L'HOTEL DE VILLE

DE PARIS

ET LA GRÈVE A TRAVERS LES AGES

D'APRÈS ED. FOURNIER

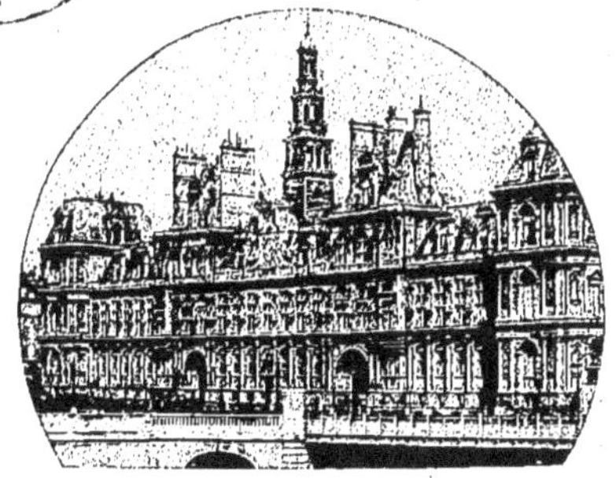

L'ancien Hôtel de Ville
avec les agrandissements de LESUEUR et GODDE, architectes.

PARIS

LIBRAIRIE DE FIRMIN-DIDOT ET CIE

IMPRIMEURS DE L'INSTITUT, 56, RUE JACOB

L'HOTEL DE VILLE DE PARIS

ET LA GRÈVE

A TRAVERS LES AGES

CHAPITRE PREMIER

La maison des *Nautes* ou « marchands de l'eau ». — Le port Saint-Landry et la *tour du roi Dagobert*. — L'hôtel de ville du roi Pépin, au Marché-Neuf. — Le Bureau de la Ville, rue Saint-Leufroy et sous l'arcade du grand Châtelet. — Comment ce qu'on appelait le *Parloir aux bourgeois* ne fut jamais « la Maison de Ville » mais une sorte de tribunal de commerce. — Le *Parloir* à la montagne Sainte-Geneviève. — Comment le *Parloir* remplaça, près du Châtelet, le Bureau de la Ville quand celui-ci vint place de Grève. — La Grève et la *Maison aux Piliers*. — Les Templiers et la tour du *Pet-au-Diable*.

Dès l'époque romaine, Paris ou plutôt Lutèce, constitué en ville municipale, avec des administrateurs élus par les notables, et avec un *préfet* que nommait le gouvernement, et qui prit plus tard le titre de *comte*, puis de *vicomte*, dut avoir plusieurs sièges spéciaux d'administration, de commerce et de justice.

Le préfet, habitait, sans aucun doute, dans l'Ile même, dont le nom, la *Cité* (*civitas*), prouverait suffisamment l'organisation en *municipe* du Paris gallo-romain. C'est notre palais de justice qui doit occuper maintenant la place où s'éleva cette première habitation préfectorale, tout à la fois palais et prétoire, dont les débris reparaissent à chaque fouille qu'on fait de ce côté.

Le siège même du *municipe*, où les affaires d'administration se traitaient par des administrateurs élus, se trouvait-il aussi dans l'Ile? Nous le pensons, mais c'est à l'autre extrémité qu'il devait être. La corporation des *Nautes*, ou bateliers, « marchands de l'eau », comme ils s'appelèrent plus tard, avait naturellement commencé par se faire la plus belle et la plus riche part dans une ville ainsi placée au milieu du fleuve, et voisine de deux rivières importantes, la Marne en remontant, et l'Oise en descendant. Elle avait, dès les premiers temps de l'Empire, élevé près de la pointe orientale de l'Ile, un autel votif à Tibère. Cet autel tout païen, car les dieux de la Cité y étaient figurés en relief, comme pour faire cortège au nom de l'empereur, fut détruit quand le christianisme s'établit à Paris; mais la place en resta marquée par les pierres dont il avait été formé, et qu'on retrouva sous le pavé de Notre-Dame, en 1117, près du chevet.

L'autel des Nautes que, dans un premier moment de ferveur, on avait démoli, puis enfoui pierre à pierre, pour construire une église à sa place, ayant existé à l'endroit où se trouve Notre-Dame, il est probable que leur principal établissement, véritable centre du *municipe*, tant cette corporation y avait d'importance, n'en était pas loin.

Ces hommes de rivière ne pouvaient, en effet, avoir ins-
tallé leur « collège », comme on disait alors, ou le bureau
de leurs affaires, comme nous dirions maintenant, que sur
le bord du fleuve, en choisissant de préférence le côté où il
était le plus large et le plus navigable. C'est donc sur la
rive même, au nord de Notre-Dame, et en descendant les
rues tortueuses du cloître, qu'il faut en chercher la place.
La tradition, sur ce point, nous vient en aide. A la fin du
dix-septième siècle, une indication recueillie par Germain
Brice, désignait encore, comme ayant été l'emplacement du
premier hôtel de ville de Paris, c'est-à-dire du bureau de
« la marchandise de l'eau », et par conséquent aussi de
l'ancien collège des *Nautes*, l'endroit où s'éleva plus tard
le grand hôtel des Ursins, et que la rue Basse-des-Ursins
occupe aujourd'hui. (Fig. 2.)

Rien ne dément cette tradition; elle semble, au contraire,
confirmée par la découverte des ruines d'un grand édifice
romain exhumées de ce côté il y a cinquante ans, et par le
passage où Grégoire de Tours, dans l'histoire du comte
Leudaste, fait mention d'une sorte de foire permanente qui,
du temps de Chilpéric, existait encore à deux pas de là,
devant la principale église. Le bureau des marchands ne
pouvait être loin de ce grand étalage de marchandises et
devait également être à proximité de l'unique pont qui re-
liait alors l'Ile à la rive droite, et du port où abordaient les
barques du commerce. Or, à l'endroit où la tradition le
place, le bureau des Nautes, ou « des marchands de l'eau »,
se trouvait justement entre ce pont et ce port.

Le premier pont de Paris ne fut pas, en effet, comme on l'a trop longtemps pensé, le pont au Change, mais bien le pont Notre-Dame, à cause même de sa position plus au centre de l'Ile. C'est du reste ce qu'ont prouvé les débris découverts, lors de sa reconstruction.

Quant au premier, à l'unique port du Paris gallo-romain, ce fut le port Saint-Landry, au tournant nord-est de l'île de la Cité, du côté où elle se rapproche de l'île Saint-Louis. Il n'existe plus. Après avoir été peu à peu amoindri par l'empiètement des rues voisines, il a disparu tout à fait sous le quai de Napoléon. Une haute tour carrée, de construction intéressante, qui est aujourd'hui engagée dans les bâtiments d'une maison de la rue Chanoinesse (fig. 3) et qu'on appelle dans le quartier *tour du roi Dagobert*, quoique la construction n'en doive pas remonter plus loin que le quinzième siècle, marque jusqu'où il s'étendait. A quoi servait-elle? On l'ignore, mais il est probable que, la nuit, on y accrochait tout en haut, à la hampe de fer qui subsista jusqu'à ces dernières années, un fanal de forte dimension, pour éclairer cette plage et le grand cours de l'eau jusqu'à la Grève qui fait face.

Les Nautes et les premiers « marchands de l'eau », en s'établissant près du port Saint-Landry, pour être à portée du lieu d'embarquement et de débarquement de leurs bateaux, s'étaient, en effet, donné pour vis-à-vis, de l'autre côté du grand bras de la Seine, cette place même de la Grève, où, plus tard, la prévôté des marchands, à qui passa l'héritage agrandi de leurs attributions et privilèges, vint installer les bureaux de la ville dans la principale maison.

Fig. 2. — L'hôtel des Ursins, élevé dans la Cité, à Paris, au quatorzième siècle, restauré au seizième et aujourd'hui détruit. État de la façade du nord à la fin du siècle dernier.

Mais il faudra des siècles pour en arriver là. Auparavant, sans doute à l'époque des incursions des Normands, la corporation aura passé de l'autre côté de l'Ile, auprès du Petit-Pont, sur l'autre bras de la Seine qui, plus resserré et plus facile à défendre contre les barques des brigands qui la remontent, se trouve d'ailleurs couvert par la masse fortifiée du petit Châtelet.

Jusqu'au milieu du siècle dernier, un gros vieux bâtiment, dont on ignorait l'âge, était placé sur la rive, au Marché-Neuf, près le Petit-Pont. Dans le terrible incendie de 1718, qui consuma celui-ci, il n'y eut même que cette masse pour faire obstacle au feu. La légende du quartier voulut que c'eut été, en des temps très reculés, une maison commune; on ne l'y appelait que « l'ancien Hôtel de Ville », comme on le voit par la relation de l'incendie que donna le *Mercure* du mois d'avril 1718, ou plus souvent encore « Hôtel de ville du roi Pépin ».

La maison municipale du Paris carlovingien aurait donc été cette masure démolie, en 1744, pour cause de vétusté. Rien ne s'oppose à cette supposition légendaire, puisque la maison dont on parle était encore, quand on la démolit, une propriété de la Ville à qui, de siècle en siècle, il en était d'ailleurs resté beaucoup d'autres aussi anciennes.

Elle semble, au contraire, confirmée par le témoignage d'André Duchesne, et celui de Sauval, qui placent le siège du Bureau de la Ville, en des temps voisins de celui dont nous parlons, sur le bord même de la Seine, et à proximité du petit Châtelet. Or, la maison du Marché-Neuf répond à cette désignation : ses fondations

avaient pied dans la rivière et, on l'a vu, il n'y avait
pour la séparer du petit Châtelet que l'étroit espace du
Petit-Pont. Ce dernier, lui-même, fermé alors du côté de
la Cité par une porte fortifiée, était une sorte de dépen-
dance de cette forteresse.

Ce ne fut pas la seule
halte que fit la municipalité parisienne ou, pour
lui donner le nom qu'elle
prenait au treizième siè-
cle, de « la prevosté de
l'eau, » pour passer du
port Saint-Landry à la
Grève. Avant qu'elle y
arrive encore, nous la
voyons émigrer des envi-
rons du petit Châtelet dans
les dépendances mêmes
du grand. Nous ignorons
à quelle époque eut lieu
ce déplacement nouveau,
mais il est probable que
ce fut sous Philippe-Au-

Fig. 3. — Tour de la rue Chanoinesse.

guste, lorsque, le Paris de la rive droite commençant à
s'étendre, le roi aida lui-même à cette extension, en agrandissant le Louvre, en établissant les Halles à l'endroit où
elles sont encore, et en donnant au grand Châtelet, — que
peut-être même il fonda, — les proportions d'une citadelle

véritable. La municipalité en fit son abri, et c'est le meilleur qu'elle pût choisir.

Le grand Châtelet couvrait, en effet, le pont nouveau, qu'on appela pont au Change lorsque, à peu près à la même époque, changeurs et orfèvres commencèrent à s'y établir. Il se trouvait joint par là avec la Cité et le Palais, sans faire obstacle lui-même à leur communication avec la rive droite. Il avait en effet, à sa base, une haute et large arcade, qui servait de passage entre le pont et les rues Saint-Leufroy et Saint-Denis. (Fig. 6.)

C'est rue Saint-Leufroy contre le grand Châtelet, que s'établirent les bureaux de la Ville. Comme le commerce fluvial et les affaires de la Marchandise de l'eau étaient encore ce qui s'y traitait surtout, l'emplacement était des plus favorables pour les marchands. Ils s'y trouvaient tout près de la Seine, à quelques pas des deux grands ports d'arrivage, qui formaient ce qu'on appela si longtemps l'*Apport-Paris,* et dont le plus nouveau devait son éta-blissement à une concession de terrain faite par Philippe-Auguste lui-même.

L'espace seul manquait à cette installation municipale de la rue Saint-Leufroy et de l'arcade du grand Châtelet. Elle ne disposait en effet que de seize toises et quatre pieds de superficie. Les services de la prévôté de l'eau s'y trou-vaient fort à l'étroit; aussi ne semble-t-il pas qu'on y ait pu joindre ceux de la justice municipale, qui constituaient ce qu'on appelait « le Parloir aux bourgeois ». Ces der-niers services n'avaient, du reste, jamais été annexés aux

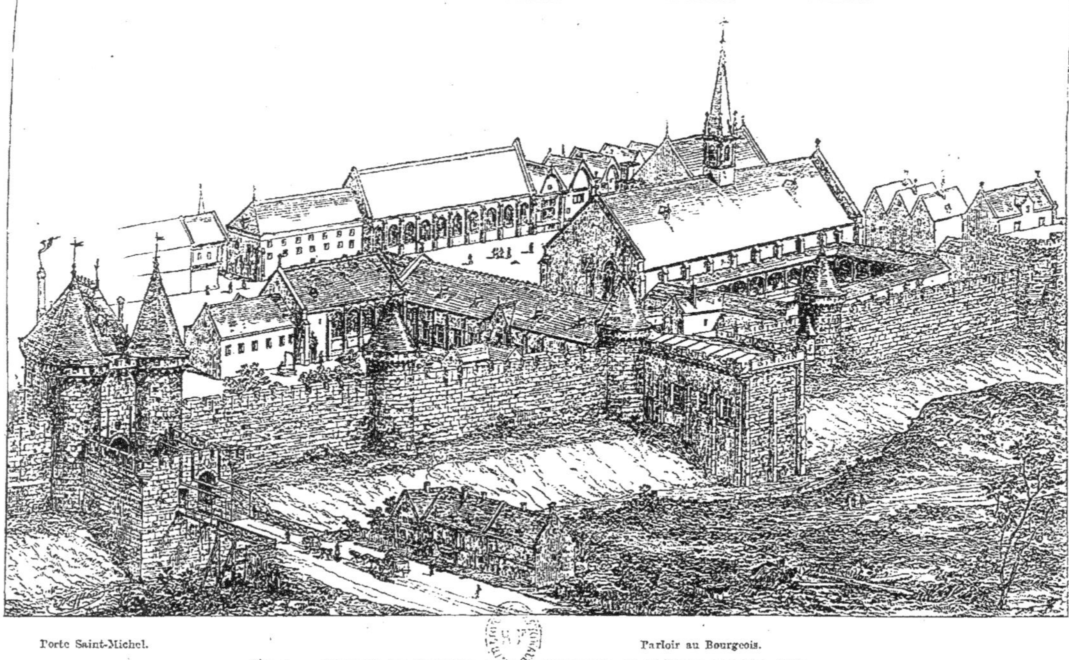

Fig. 4. — Couvent des Jacobins et le mur d'enceinte de Philippe-Auguste. 1380.

bureaux de la marchandise, avec lesquels ils ont été trop
souvent confondus, ni lorsque ces bureaux étaient au port

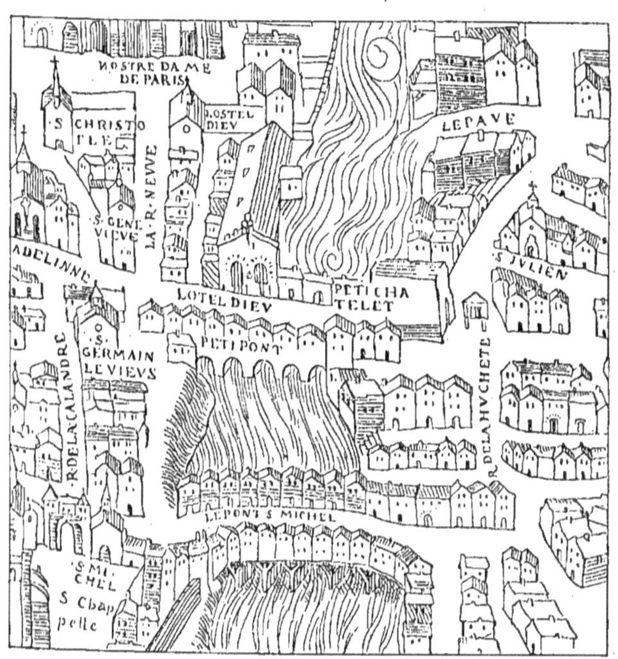

Fig. 5. — Fac-similé du plan d'Olivier Truschet, 1551.

Saint-Landry, ni lorsqu'on les avait transportés au Marché-Neuf.

Le *Parloir* n'était pas, comme on l'a cru, un centre
d'administration, mais un « siège de justice ». Le Roy,
dans sa *Dissertation sur l'Hôtel de Ville*, en tête de l'*His-*

loire de Paris par Félibien, ne le désigne pas autrement. Du Cange, d'après Chopin, en fait de même un lieu spécialement judiciaire, où se réglaient, suivant les prescriptions de la coutume de Paris, certains cas en litige, dans le ressort du commerce et des métiers.

On le distinguait de l'administration municipale, comme le Tribunal de Commerce se distingue aujourd'hui de l'Hôtel de Ville. Lorsque, du temps même de Marcel, celui-ci fut réellement constitué, et étendit l'ensemble de ses services d'administration, « le parloir » en resta encore distinct. « La Marchandise » eut ses sergents, « le Parloir » eut les siens. Pour l'une il y en avait quatre, et pour l'autre six. Dans les ordonnances royales, où les privilèges de Paris sont énumérés, — et le droit d'avoir une Maison de Ville comptait parmi les plus précieux, — on se garde bien de confondre cette maison et « le parloir ». On les sépare comme constituant chacun un établissement privilégié. Dans l'ordonnance du 12 janvier 1411, par exemple, que nous retrouverons plus loin, et par laquelle Paris commença d'être remis en possession de ses droits, nous voyons cette distinction nettement établie : « Considérant, y est-il dit, que la Ville de Paris eut de tout temps : prévost des marchands, échevins, clergie, *Maison de ville, Parloir aux bourgeois...* ; » il est décidé que Maison de ville et Parloir lui seront rendus.

Ces deux établissements étant si différents, il est naturel qu'ils aient pu d'abord n'être pas réunis, et se trouver même à une assez longue distance l'un de l'autre. On ne

s'étonnera donc pas si, pendant que les bureaux de la
Marchandise étaient au port Saint-Landry, puis au Marché-
Neuf, et enfin près du grand Châtelet, *le Parloir aux
bourgeois* se trouvait, lui, dans un tout autre quartier,
à la montagne Sainte-Geneviève.

Il dut y être établi, dès l'époque gallo-romaine, lorsque

Fig. 6. — Grand Châtelet.   Saint-Leufroy.   Pont aux Meuniers et pont au Change.
En 1550.

la ville, trop à l'étroit dans l'île de Lutèce, s'était étendue
de ce côté. Elle y eut ses arènes, retrouvées, comme on
sait, il y a quelques années ; des palais, dont le plus considérable revit dans la précieuse ruine des Thermes ;
plusieurs temples : celui de Diane où est Saint-Étienne du
Mont ; celui de Bacchus où fut Saint-Benoît ; celui de
Cérès, à Notre-Dame des Champs ; et sans doute une sorte
de forum, dont il est probable que fit partie le premier *parloir*, qui en aurait même été un des édifices importants.

La colline sur laquelle s'étageait cet ensemble de monuments s'appelait, d'après d'anciens titres que cite Delamarre dans son *Traité de la police*, « collis vel mons Lucotitius, » et le même auteur pense, en rapprochant ce nom du mot *locutorium* (parloir), qui n'en diffère pas beaucoup, que l'un venait de l'autre, celui-là de celui-ci. Le palais voisin de Sainte-Geneviève, où Clovis tenait son conseil, et l'édifice où, à peu de distance de là, se discutaient les affaires bourgeoises, auraient été cause, suivant lui, que tout ce haut quartier se serait appelé la montagne des conférences ou des discussions, *mons Lucotitius.*

Que le *Parloir aux bourgeois* ait, ou non, été pour quelque chose dans le nom de cette partie de Paris, il est certain, du moins, qu'on l'y trouve de bonne heure, et qu'il s'y maintint longtemps. Beaucoup de marchands, et des plus riches, surtout des juifs, qui firent donner d'abord à la rue Saint-Jacques le nom de *rue de la Juiverie*, et dont un cimetière a été découvert, il y a une vingtaine d'années, près de la rue Pierre-Sarrazin, habitèrent par là jusqu'à l'époque où les écoles, qui s'y multipliaient, les en chassèrent. Le Parloir où s'étaient discutés leurs litiges, et dont ils justifiaient l'existence de ce côté, y dura plus qu'eux.

Tout semblait pourtant devoir concourir à sa suppression, situé comme il l'était, en haut de ce quartier devenu beaucoup moins commercial que scolastique, et tout près des dominicains de la rue Saint-Jacques, ou jacobins, dont, sous saint Louis, le vaste couvent était venu l'enserrer.

Il avait tenu bon contre tout, même contre les nécessités
de l'enceinte, commencée en 1190 par Philippe-Auguste, et
dont l'extrémité de sa grande salle coupait net la ligne,
entre les portes Saint-Jacques et Saint-Michel. (Fig. 7.)

Au lieu de le faire céder, l'enceinte lui fit place. On laissa
la grande salle du Parloir se faire passage, au delà de la

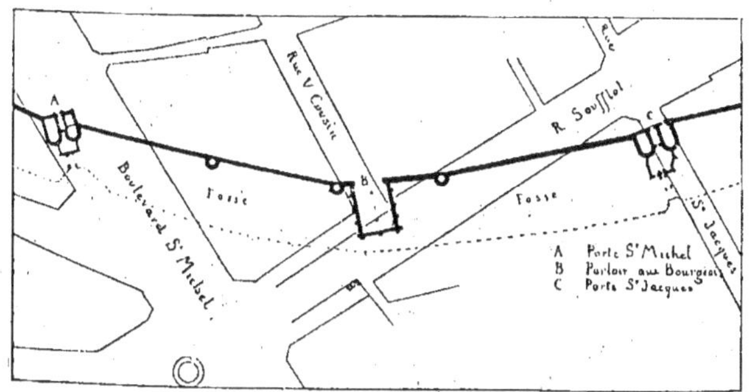

Fig. 7. — Tracé du mur d'enceinte de Philippe-Auguste entre la place Saint-Michel
et la rue Saint-Jacques.

muraille, par une longue saillie qui prenait pied dans le
fossé même, et qu'on couronna d'une plate-forme créne-
lée comme on peut le voir sur la figure 4 à la page 9 de ce
chapitre.

Si cet établissement n'eût pas été d'un grand prix pour
la Ville, on ne l'eût pas certes ainsi respecté; on ne lui
eût pas fait concession pareille. Il n'en faut pas plus pour
nous convaincre qu'à l'époque de Philippe-Auguste, le
parloir du quartier Saint-Jacques était encore indispensable aux bourgeois pour le règlement de leurs affaires,

et qu'ils pensaient ne pas en avoir un autre de longtemps. Où se le seraient-ils donné, puisque la place, ainsi que nous l'avons vu, leur manquait auprès du Châtelet, dans l'établissement de la prévôté de l'eau, comme elle leur avait sans doute aussi manqué au port Saint-Landry et au Marché-Neuf?

Un moment vint pourtant où le Parloir fut transféré près du Châtelet, mais ce ne put être que deux siècles et demi plus tard, lorsque, les bureaux de la prévôté ayant passé à la Grève, où Paris avait enfin sa maison de ville, l'emplacement qu'ils occupaient fut devenu disponible. On dut alors se hâter d'y installer le Parloir, pour le mettre enfin sur la même rive que l'établissement de la prévôté, et plus à la portée de ses services.

Toutefois, on n'abandonna pas pour cela la salle du quartier Saint-Jacques. Malgré les convoitises des jacobins, qui la désiraient pour agrandir leur couvent, elle resta jusqu'après le règne de Louis XII la propriété des bourgeois. Ils y tenaient comme bien féodal. Le fief de leur *Terre aux Bourgeois,* dont les franchises ont laissé un souvenir dans une des rues les plus voisines, celle des *Francs-Bourgeois-Saint-Michel,* se trouvait là. Ils résistèrent donc autant qu'ils purent pour la conserver, et Louis XII lui-même ne put obtenir d'eux qu'ils la cédassent aux jacobins. Ce n'est guère qu'au commencement du dix-septième siècle que ces religieux parvinrent enfin à s'en emparer. Ils en firent leur réfectoire et leur dortoir, et c'est, de tout leur couvent, ce qui survécut le plus longtemps.

L'extrémité de la longue salle, cette partie même qui avait fait saillie sur le fossé, et dont le style rappelait une époque antérieure au moins de deux siècles à celle de l'enceinte de Philippe-Auguste, n'a disparu qu'en 1847, lorsque la rue Soufflot fut prolongée jusqu'au Luxembourg.

La Ville, qui avait si longtemps défendu ce fief du *Parloir*, à la montagne Sainte-Geneviève, semble avoir été plus indifférente pour ce qu'elle possédait rue Saint-Leufroy, et près du grand Châtelet. Il n'y avait pas là de fief pour elle, ce n'était qu'une propriété ordinaire; et le Parloir qu'elle y avait transféré, lorsque ses bureaux, transportés à la Grève, avaient laissé la place libre, n'y était pas resté très longtemps.

A cette époque dont la date nous échappe, mais qui ne doit pas dépasser la fin du règne de Louis XI, puisque nous trouvons la maison qu'il occupe louée en 1482 à un particulier, le Parloir alla rejoindre à l'Hôtel de Ville les autres services dont il avait pris la place. Il y fut absorbé par le plus important de tous, celui qu'on appelait le Bureau de la Ville, et cela paraît-il, sous Louis XI même, ce qui expliquerait d'autant mieux comment, puisqu'il l'aurait quittée alors, la maison de la rue Saint-Leufroy aurait, alors aussi, pu être mise en location.

Une chose hors de doute, c'est que, après Marcel, le *Parloir* était là. Comme nous n'avons trouvé aucune preuve qu'il y fût avant, nous sommes en droit de soutenir qu'il resta jusqu'alors au mont Sainte-Geneviève, tandis qu'un fait très important nous a prouvé au contraire qu'après Marcel il fut près du Châtelet.

Le religieux de Saint-Denis, parlant d'une convocation des notables faite par le prévôt des marchands, aux premiers jours du règne de Charles VI, à l'effet d'obtenir, par une requête collective, quelque diminution d'impôts, dit positivement que l'assemblée se tint « au Parloir aux bourgeois, près du Châtelet ».

Cette assemblée au Parloir peut paraître singulière, puisque Paris avait alors son Hôtel de Ville, à la Grève. Peut-être les notables, en datant de ce lieu leur requête, ont ils voulu affirmer son caractère tout pacifique.

L'origine même de cette maison de la Grève n'offre pourtant rien de tragique.

Bâtie la première, à ce qu'on croit, sur cet espace qui resta longtemps la seule grande place de Paris, et que Louis VII avait vendu aux *bourgeois de la marchandise*, en 1141, pour y faire un port où ils fussent plus au large qu'au port Saint-Landry, « la Maison aux Piliers, » ainsi qu'on l'appelait, à cause des piliers massifs qui la soutenaient à sa base, ne fut d'abord qu'un assez calme logis.

Elle se trouvait d'ailleurs sur terre d'église, car la partie de la grève sur laquelle on l'avait construite formait l'extrémité du versant occidental de la butte ou *monceau* Saint-Gervais, dont l'évêque de Paris était seigneur. Le reste de la place était de fief royal, et Louis VII, en le vendant aux bourgeois, l'avait déclaré complètement nu et vide de constructions, « *ab omni edificio vacuam* ». Les

bourgeois acheteurs, auxquels il fallait de l'espace pour
leurs marchandises, se gardèrent bien d'y rien édifier;
mais, comme la lisière au bas du *monceau* leur échappait,

Fig. 8. — Tour du Pet-au-Diable, rue du Tourniquet Saint-Jean.

puisque, étant terre de l'évêque, elle n'avait pu être comprise dans la vente faite par le roi, ils ne purent empêcher
qu'on y construisît.

C'est ainsi qu'au commencement du siècle suivant s'explique l'existence de la Maison aux Piliers sur cette place, où il semblait qu'on ne dût pas bâtir. L'évêque étant seigneur du terrain, il n'est pas étonnant non plus d'y voir comme propriétaire un chanoine de Notre-Dame. Il s'appelait Philippe (Sauval dit Suger) Cluin. On ne le connaît que par un acte, celui de la vente même de cette maison qu'il céda, en 1212, au roi Philippe-Auguste, sans qu'on sache moyennant quel prix. L'acte où figure son nom n'est lui-même connu que par quelques mots de Sauval, et par une citation fort sommaire qu'en fit Jaillot d'après un titre du *Trésor des chartes*.

Que devint ce grand logis, lorsqu'il fut aux mains du roi? Dans quelle intention s'en était-il fait acquéreur, et avait-il ainsi augmenté le nombre des hôtels ou palais qu'il possédait dans Paris? C'est ce qu'il semble impossible de savoir. On ignore même s'il y séjourna jamais. Peut-être ne fut-ce pour lui qu'un moyen de prendre pied sur un terrain où les grands envahisseurs du moment, les Templiers, qui semblaient vouloir tout englober dans leur immense commanderie des marais Sainte-Catherine, étaient des voisins singulièrement à craindre. N'avaient-ils pas, au chevet même de Saint-Jean, près de la pierre du *Pet-au-Diable*, ce bloc druidique disparu en 1451 seulement, et dont elle prit le nom, fait élever dans leur hôtel une de ces hautes tours carrées (fig. 8) qui, partout où elles se dressaient, étaient un indice et comme une affirmation de leur puissance? Peut-être était-ce pour contre-balancer ces empiétements, les surveiller de près, et leur marquer qu'ils

n'iraient pas plus loin, que Philippe-Auguste s'était fait
propriétaire en place de Grève. Son acquisition de la maison du chanoine peut fort bien avoir été une sorte de réponse à l'établissement des Templiers plus près du centre
de Paris, et pour ainsi dire sur le chemin du Louvre.

Philippe-Auguste ne s'en tint pas là. Le terrain sur lequel se trouvait cette maison continuait à appartenir, avec
le reste du versant de la butte Saint-Gervais, à la cen-
sive de l'évêque; de telle sorte que roi, il n'y était pas
sur terre royale, et que, par une cession permise à l'évêque, il aurait pu un jour s'y trouver le tributaire, et en
quelque sorte le vassal soit de l'ordre du Temple, soit de
tout autre acquéreur, ayant autorité pour se faire trans-
mettre de pareils droits. Il négocia la cession pour lui-
même. Elle se réalisa, de 1216 à 1222, au moyen d'échan-
ges, que Sauval indique et dont les actes sont contenus
dans le *Cartulaire de Notre-Dame*.

Après cette acquisition, près d'un siècle se passe sans
qu'il soit mention, pour quelque fait important, ni de la
Maison aux Piliers, ni de la Grève.

CHAPITRE II

C'est en 1310 seulement que recommence l'histoire de
la place de Grève, et par un de ces événements qui ne s'y
renouvelleront que trop, par un supplice. Philippe le Bel,
usant du droit de tout justicier sur sa terre, y fait brûler,
le jour de la Pentecôte, afin que la solennité de la fête
ajoute encore à l'acte de foi, un prêtre de Beauvais convaincu d'hérésie, une femme qui propageait des écrits en-
tachés de la même erreur, et un juif relaps.

Sur quel point de la place se fit l'exécution? Est-ce au
milieu, à l'endroit où, sous Louis XI, fut dressé un gibet
permanent, comme signe du droit de haute justice accordé
au Parloir, lorsqu'il était passé au Bureau de la Ville? Est-

ce plus près de la rivière, à la place où fut longtemps une croix, et qui avoisinait cette rue du *Martroy, Martray* ou *Marteret* à laquelle, lorsque fut bâti le nouvel Hôtel de Ville, sous François 1er, l'arcade Saint-Jean servit d'ouverture du côté de la Grève?

Ce ne put être que vers ce dernier point.

Le nom de la rue, qui dérive de *martreium*, altération de *martyrium*, suffirait à prouver qu'il y eut là des supplices. Nous savons d'ailleurs que, quatre ans après, au mois d'avril 1314, une autre exécution, plus importante pour l'histoire et le drame, eut lieu à ce *martroy*. C'est l'effroyable supplice des deux frères, Philippe et Gautier d'Aulnay, amants des deux belles-sœurs, Marguerite et Blanche, épouses de Louis le Hutin, alors régnant, et de Charles, son frère, qui lui succéda. Le continuateur de Nangis dit expressément qu'ils furent écorchés vifs, mutilés, et enfin décapités, « *in communi platea Martrei* ».

Rien, sauf le logis de Renier le Flamand, dont nous reparlerons, n'était encore bâti entre la Maison aux Piliers et la Mortellerie, où huit ans auparavant, près de la Seine et de la Grève au milieu de la misérable population des *mortelliers* (maçons), un officier de la maison du roi, Étienne Haudry et sa femme, avaient fondé ce refuge de pauvres veuves qu'on appelait, à cause d'eux, l'hospice des *Haudriettes*, et dont la chapelle ne disparut que pour faire place au jardin en hémicycle du préfet, sur le quai.

Il y avait ainsi, en montant vers Saint-Gervais, un large espace qui continuait la place de Grève. C'est « le Martroy »

Fig. 9. — Hôtel de Ville et place de Grève au quatorzième siècle.

qui servit pour les exécutions jusqu'au moment où, peu à peu rétréci par les constructions, il ne fut plus qu'une rue assez étroite.

Le voisinage de l'église Saint-Jean, devenue paroisse après n'avoir été d'abord que le baptistère de Saint-Gervais, et que rappelle encore, dans l'Hôtel de Ville qui l'absorba, la *salle Saint-Jean*, bâtie sur l'emplacement de sa chapelle de la communion, avait fait donner à cette petite place le nom de « Martroy Saint-Jean ». On l'appelait aussi quelquefois « le Martroy en la Juiverie », à cause d'une sorte de *ghetto*, dont la population, exclusivement juive, fourmillait aux environs de *la tour du Pet-au-Diable* qui finit elle-même par devenir une synagogue après la destruction de l'ordre du Temple, qui l'avait fait construire.

Les exécutions du Martroy n'étaient auprès de cette Juiverie, où elles se recrutèrent si souvent des victimes, que d'un plus terrible exemple.

Tous les ans, à la Fête-Dieu, pour le purifier sans doute de l'impureté de ce voisinage et des souillures du sang versé, le clergé de Notre-Dame y venait en procession, et la bénédiction y était donnée.

Dans le missel de l'archevêque de Reims, Jacques, fils de Juvénal des Ursins, prévôt des marchands, manuscrit sans prix que la Ville devait à un abandon désintéressé de M. A. Firmin-Didot, et qui reste l'une des plus regrettables des merveilles détruites là en 1871, une miniature qui servait d'initiale ornée à l'office même de la Fête-Dieu, représentait le retour de cette procession de Notre-Dame au Martroy Saint-Jean.

La présence de Juvénal des Ursins sur cette miniature, devant la Maison aux Piliers, siège de la prévôté, en fixe la date aux dernières années du quatorzième siècle. Il finit, en effet, d'être prévôt des marchands en 1400, après avoir commencé de l'être en 1388, lorsque, depuis trente et un ans déjà, la Maison aux Piliers était l'Hôtel de Ville.

Elle avait passé, avant d'en arriver là, par bien des mains; elle avait subi bien des vicissitudes, dont quelques-unes hier encore complètement inconnues.

On avait pensé jusqu'à présent, qu'après avoir été acquise par Philippe-Auguste en 1212, elle n'avait été détachée du domaine royal que sous Philippe de Valois, pour une donation dont nous parlerons tout à l'heure; on se trompait. Pendant le siècle où on ne la revoyait plus dans l'histoire, elle était redevenue propriété particulière, avait été confisquée pour forfaiture de son propriétaire, puis donnée à un prince, et, lorsque celui-ci était mort, elle avait été reprise comme chose du domaine royal, pour être de nouveau donnée à un grand officier de la couronne.

C'est sous Philippe le Bel que nous la voyons aux mains du bourgeois qui devait se la laisser prendre. Il se nomme Jean le Flamand; il est riche, possède un fief vers Saint-Cloud, et, dans ces parages mêmes de la Grève, du côté de la Vannerie et des planches Mibray « *in Vanneria, ad planchias di Mibray,* » il a d'autres maisons. Son père, Renier le Flamand, dont le logis, sur la même place, tou-

che au sien, du côté de la rivière, est aussi, par sa richesse,
un personnage considérable. Sur le rôle de la taille levée
en 1292, il est marqué pour une contribution de 80 livres,
la plus forte après celle de 114 que paye Gandoufle le Lom-
bard, et celle de Féderyc à la grand'table, qui est de 94
livres.

Jean, fils de Renier, ne figure pas sur ce rôle de 1292.
C'est que, sans doute, déjà l'arrêt de confiscation l'a frappé.
Il y avait eu, l'année précédente, de terribles confiscations
contre les Juifs, les Lombards, et, en général, contre tous
ceux à qui le roi, pour être plus vite en argent comptant,
affermait l'exploitation des taxes et revenus publics. Il aura
probablement été du nombre, et même des plus rigoureusement atteints. Il semble qu'on soit allé, pour lui, jusqu'à
l'exécution capitale. Sur les deux actes, en effet, qui se rap-
portent à sa maison confisquée, il est parlé de lui comme
n'existant plus : « Jean le Flamand, dit le premier, autrefois (*quondam*) fils de Renier le Flamand. » Le second,
qui est en français, est encore plus explicite : « Feu Jehan
le Flamand, y est-il dit, lequel a esté justicié par (*sic*) son
meffaict ». Plus haut, ce « meffaict » avait été qualifié de
« forfaicture. » Or, comme on sait, ce mot, appliqué à
quelqu'un de la bourgeoisie, signifiait exactions, perception
de deniers faite indûment ou avec violence.

Jean le Flamand rentrait donc dans la catégorie des fer-
miers d'impôts contre lesquels le roi avait sévi en 1291, et
c'est bien comme tel qu'il avait dû être frappé.

Les biens qui venaient ainsi en « commis », c'est-à-dire

en confiscation, en gardaient la marque. Nous voyons, dans Du Cange, que l'expression « octroyer une forfaiture » s'employait pour les concessions faites par le roi des choses saisies de cette manière. Ces biens pouvaient rester long-temps sans donataire, surtout si, comme la Maison aux Piliers, confisquée sur Jean le Flamand, ils étaient d'une importance telle qu'il fût mal aisé de trouver à qui digne-ment les concéder. Le domaine, en ce cas, les gardait. S'il en fut ainsi d'abord pour la maison de la Grève, ce fut d'au-tant plus naturel qu'elle avait été déjà propriété royale.

En 1309, au mois de juillet, par acte daté de Crécy, Philippe le Bel en dispose enfin. Il la donne à son très cher et féal frère (*carissimo fratri et fideli*) le comte d'Évreux, pour être par lui et les siens gardée à perpétuité. Cette der-nière clause fut sans réalisation, comme il arrivait pres-que toujours et comme en viendra bientôt un autre exemple. Dix ans après, le comte d'Évreux meurt, et, bien qu'il laisse des héritiers, le roi, — c'est alors Philippe V le Long, — ressaisit aussitôt sans crier gare, la maison de la Grève. Son oncle est mort le 19 mai 1319; dès le mois d'août sui-vant, il a déjà disposé, comme bien du domaine, de ce lo-gis que le domaine ne devait plus reprendre. Il en a fait une récompense pour l'un de ceux qui l'ont servi le mieux à son avènement, lorsque, de par la loi salique, un peu chimériquement invoquée, il s'était mis pour régner au lieu et place de sa nièce, fille de Louis le Hutin.

C'est Henri, seigneur de Sully-sur-Loire, qu'il a fait, depuis deux ans, grand bouteiller de France, et, plus récemment, ambassadeur près du Saint-Père, qui reçoit de lui ce magnifique présent.

Les fortunes variaient suivant les règnes. Aussi ne sommes-nous pas étonnés qu'Henri de Sully, bien que mis en possession perpétuelle, pour lui et les siens, de la Maison aux Piliers, par Philippe V, ne l'ait déjà plus possédée sous Philippe IV. A nouveau roi, favori nouveau; et ces changements s'accentuent encore davantage lorsqu'il y a, comme en cette circonstance, dynastie nouvelle. Le grand bouteiller tomba dans une disgrâce assez mal déguisée par le don du gouvernement de la Navarre. C'était moins une faveur qu'un prétexte pour l'envoyer très loin de la cour. Sans doute, même avant de partir, dut-il rendre au nouveau roi tout ou partie des biens qu'il tenait des autres.

Il est, en tout cas, certain que la Maison aux Piliers ne lui appartenait plus dès les premiers temps de Philippe de Valois, puisque à ce moment nous y trouvons installée la reine Clémence de Hongrie, veuve de Louis le Hutin, pour qui elle a été reprise, et qui, après bien des pérégrinations du Midi au Nord, ne s'y arrêta que pour mourir. C'est au plus tôt en avril 1328 premier mois du règne, que la donation, — car il y en eut encore une en bonne forme, — put lui être faite. Le 12 octobre suivant, elle était morte, et sans nul doute dans cette maison même. Son testament, daté de Paris, sept jours auparavant, contient en effet un legs pour une des chapelles les plus voisines, celle que l'église des Billettes a remplacée, et que ce même Renier le Flamand, dont nous avons parlé, avait fait bâtir sur l'emplacement de la maison où le Juif sacrilège, brûlé sous Philippe le Bel, avait jeté une hostie dans l'eau bouillante. On l'appelait, pour cela, « la chapelle où Dieu fut *bouilli* ».

La reine Clémence laissait un héritier, son neveu Guignes ou Guy, dauphin de Viennois. Il réclama la Maison aux Piliers comme part de l'héritage. Le roi prétendit qu'elle devait encore faire retour au domaine; mais, comme Guy s'était vaillamment comporté à la bataille de Cassel, où il commandait la septième ligne de l'armée à douze bannières, on s'entendit. Philippe de Valois, ne voulant pas désobliger un vassal à qui il devait le gain de cette journée, lui laissa la maison de la Grève. Il fit toutefois dresser l'acte qui lui en confirmait la propriété, de manière à ce qu'il semblât faire un don et non reconnaître un droit.

Cinq ans après, à la mort de Guy, les contestations auraient pu recommencer avec son frère Humbert, qui lui succédait. Mais tout se régla par un traité « sur quelques prétentions réciproques », dit l'historien du Dauphiné, Valbonnais. La Maison aux Piliers devint ainsi définitivement la Maison du Dauphin, « *Domus domini Delphini in Grieve* ».

Humbert y fit plusieurs séjours. Nous l'y voyons en 1335, lorsque la mort de son fils unique le laissant sans héritier, et le grand train qu'il mène l'ayant presque ruiné, il cherche déjà à vendre sa principauté pour être en état de faire le prince. En 1339, nous l'y trouvons encore, recevant, avec ce luxe qui a fait sa ruine, l'hommage d'un de ses vassaux de Franche-Comté. Il y continue aussi ses négociations de

Fig. 10. — Tourelle de la place de Grève, près de la rue du Mouton.

vente, qui n'aboutirent que dix ans après. Humbert, en
1349, fit enfin au prince Charles, petit-fils du roi, qui prit
pour cela le titre de Dauphin, cession du Dauphiné et de
la plus grande partie de ses autres biens.

La maison de la Grève y était comprise. Devenant propriété du fils de l'héritier de la couronne, elle rentre encore
une fois dans le domaine; un nouveau caprice d'Humbert
l'en retire. Il s'est fait dominicain, et s'est ennuyé de l'être;
le pape l'a fait patriarche d'Alexandrie et d'Aquilée, et il
n'a pas été satisfait; l'administration du riche diocèse de
Reims, lui a été donnée, et ce n'a pas encore été pour lui
contentement complet. Il veut revenir à Paris. Le roi, qui
n'a pu lui payer toutes les sommes promises pour l'acquisition du Dauphiné, et qui convoite d'ailleurs ce qui lui
reste, caresse ce désir, qui peut l'amener à un traité où s'a-
chèvera sa ruine, et dans lequel Humbert donnera quit-
tance de ce qu'il n'a pas reçu et cédera tout ce qu'il possède
encore.

Ce traité ne tarda guère. Le 26 décembre 1352, il fut
signé. Qu'y gagnait Humbert, pour tout ce qu'il donnait
ou consentait à ne pas recevoir? La promesse d'un échange
qui lui permettrait de remplacer Jean de Meulant dans l'é-
vêché de Paris, tandis que celui-ci le remplacerait à Reims,
et le droit de reprendre, à son choix, une maison qu'il avait
eue à Reuilly, vers l'abbaye Saint-Antoine, ou bien la
maison de la Grève.

Nous n'avons pas la preuve que c'est celle-ci qu'il préféra,
mais rien n'est plus probable. A Reuilly, il eût été trop loin

de Notre-Dame, appelée à devenir son église métropolitaine, lorsque l'échange des diocèses qu'il s'était fait promettre aurait été réalisé. A la Grève, au contraire, il en était tout près. L'échange eut lieu en janvier 1354, mais sans qu'on eût d'abord demandé l'assentiment du pape qui résista lorsqu'on le lui demanda trop tard. Humbert le fit presser, envoya message sur message à Avignon, où il était alors, et n'ayant pu rien obtenir, partit lui-même pour en finir; la mort le surprit en route le 22 mai.

Cette fois, la maison de la Grève revient définitivement au prince Charles, qui, depuis quatre ans, par l'avènement de son père, est devenu l'héritier immédiat du trône, et qui se trouve sur le point d'ajouter à son apanage du Dauphiné celui du riche duché de Normandie.

Vint-il habiter à la Grève? Sauval l'assure. Quoiqu'on le trouve, dans une circonstance assez grave de cette époque, retiré à l'hôtel de Nesle, rien ne s'oppose à ce qu'il se soit partagé entre ce logis et la Maison aux Piliers. Après avoir été habitée par un prince aussi magnifique que le Dauphin Humbert, elle était digne d'ailleurs que le nouveau Dauphin, duc de Normandie, y fît séjour.

Il y avait, selon la description qu'en donne Sauval, d'après un document malheureusement perdu, « deux cours, un poulailler, des cuisines hautes et basses, grandes et petites, des étuves ou bains, une chambre de parade, une autre appelée le plaidoyer, une chapelle lambrissée, une salle couverte d'ardoises longue de cinq toises et large de trois, avec plusieurs autres commodités. » Ailleurs,

Sauval dit qu'elle était « à deux pignons sur la Grève, » ce que confirme un acte, qui viendra bientôt.

Peut-être fut-elle alors agrandie, non du côté de la place, mais par derrière, du côté de Saint-Jean. En effet, la maison

Fig. 11. — Vue à vol d'oiseau de la place de Grève au quinzième siècle.

de Jean, dit Chambellain, qui, dans l'acte de 1319, est indiquée comme la séparant de la ruelle où s'ouvrait cette église, ne se trouve plus en 1357. Elle est remplacée comme limite par la ruelle même, dans l'acte de cette année-là, dont il nous reste maintenant à parler.

Cet acte est le plus important pour cette histoire. C'est de lui que date la transformation en Hôtel de Ville de la

Maison aux Piliers devenue *Maison aux Dauphins.*

Étienne Marcel était prévôt des marchands ; la captivité du roi Jean, pris à Poitiers, l'influence qu'il s'était donnée sur les États en qui résidait alors toute l'autorité, tandis que celle du Dauphin, le trop jeune régent, n'était guère qu'illusoire, sa réputation d'habile administrateur avaient fait de lui l'homme du moment, le personnage le plus considérable du royaume. Il voulut en tirer profit pour donner à Paris, dont il était le premier magistrat, un vrai centre municipal, une véritable maison commune, ce qu'il n'avait pas eu encore, les misérables établissements de la Cité et de la rue Saint-Leufroy n'ayant jamais pris ni surtout mérité ce nom. Il prétendit, en un mot, fonder un hôtel de ville, comme on en voyait dans ces grandes cités flamandes, Gand, Bruges, Liège, etc.

L'hôtel de la Grève, si bien placé au cœur même du Paris bourgeois, du Paris des métiers et du commerce, fut celui qu'il convoita. Le Dauphin, qui vit poindre chez Marcel ce désir de s'emparer de sa propre maison, se hâta d'y parer. Il la plaça, par donation, sous la sauvegarde d'un tiers, d'un simple particulier. A peine revenu à Paris, un mois après la prise de son père à Poitiers, il donnait, en octobre 1357, à l'ancien receveur des gabelles de la Ville, Jean d'Auxerre, resté dans son conseil, la maison que convoitait Marcel,

Mais le 14 avril suivant, parut une ordonnance, qui révoquait tous les dons faits depuis Philippe le Bel, de « choses du domaines, » ou, « de choses sentant nature de

domaine ». Une seule réserve était faite : les révocations ne
devaient être opérées qu'après un examen de la chambre
des comptes, dont une ordonnance ultérieure réglerait la
date. Jean d'Auxerre et le Dauphin étaient donc pris dans
une impasse : il fallait ou vendre sans délai la maison
donnée, ou, si l'on attendait l'ordonnance de renvoi devant
les officiers des comptes, courir le risque de voir révoquer
la donation.

On vendit. Il n'y avait qu'un acheteur prévu, Marcel, qui
d'ailleurs n'abusa pas de la situation pour marchander et
acheter moins cher. Le prix fut de 2,880 livres parisis « de
forte monnoie, » ou « 2,400 florins d'or, au mouton du coin
du roi. » La vente se fit en juillet 1357, par les soins du
frère même du prévôt, Giles Marcel, « procureur certain »
de la prévôté et de l'échevinage, et voisin, comme nous l'a-
vons vu plus haut, de l'hôtel vendu. Le Dauphin, qui était
en Normandie, au Château-Gaillard, et près de qui Giles
Marcel fut « espécial messagier, » donna sans retard son
approbation, le 7 juillet, par un acte reproduisant la te-
neur de l'autre, qui ne nous est même parvenu qu'ainsi.

Il était temps. Deux jours après paraissait l'ordonnance
qui chargeait la Chambre des comptes de ce terrible examen des donations domaniales, qui aurait pu si bien inva-
lider celle dont avait, mais bien tristement, bénéficié Jean
d'Auxerre.

Voici donc Marcel arrivé à ses fins. Paris, grâce à lui
possède « une Maison, un Hostel de Ville ».

C'est ainsi désormais qu'on appelle le logis des Dauphins.

Le nom de *parloir*, que les livres modernes lui ont
donné, ne fut jamais le sien. Le *Parloir* est ailleurs, nous
l'avons dit, la maison municipale: l'Hôtel de Ville seul est
là. Lorsque, en avril 1358, Marcel enlève l'artillerie du
Louvre et la fait conduire à l'hôtel de la Grève, comment
l'appelle-t-il déjà? « la Meson de la Ville ». L'année suivante, lorsqu'on l'agrandit, quand sa voisine, l'ancienne
maison de Renier le Flamand, que possède alors Guillaume de Chasteillon, y est annexée, quels sont les termes de l'acte? Il dit expressément que cette maison est
prise « pour adjoindre à l'ostel de Ville ».

L'acquisition faite par Marcel lui fut un succès de plus,
mais ce succès n'eut que la durée des autres, et tourna
même contre lui.

Il avait fait de l'Hôtel de Ville son quartier général, et
son arsenal, puisque nous avons vu qu'il y transporta l'artillerie du Louvre; il périt par l'arme même qu'il avait for-
gée. C'est de l'Hôtel de Ville que partirent ceux qui, sous
prétexte du rétablissement de l'ordre, avaient résolu d'en
finir avec le prévôt, et tuèrent à la porte Saint-Antoine
le premier défenseur des libertés communales. Quant à ses
partisans, ils expièrent la part qu'ils avaient prise à cette
révolution devant la maison même dans laquelle ils avaient
aidé Marcel à l'installer. C'est à la Grève que furent décapités, le 2 août 1358, l'échevin Charles Toussac, et Joceran
de Macon.

Après l'assassinat d'Étienne Marcel le dauphin laissa la
maison à la Ville. Il consentit même, peu après, à ce qu'on

l'agrandit par l'annexion d'une maison voisine, et n'en
délogea pas le prévôt des marchands. Il se contenta de lui
retirer une part de son autorité, qu'il transféra à son propre prévôt, le prévôt de Paris; qu'il eut soin d'ailleurs
de fort bien choisir.

Ce fut ce terrible Hugues Aubryot, qui, s'il voulut bien
ne pas s'emparer de l'Hôtel de Ville, ne négligea du
moins rien pour le serrer de près. En s'établissant lui-
même au grand Châtelet, et en construisant, de l'autre côté,
la Bastille, dont on sait qu'il fut le fondateur, il se mit
en mesure de tenir la Maison de Grève et les révolutions
qui pouvaient s'y réveiller entre deux redoutables surveil-
lances.

Le règne suivant prouva que ce n'était pas là une inutile précaution. Ce fut, en effet, à l'Hôtel de Ville que le
peuple de Paris, pressuré par les tuteurs du jeune roi Charles VI, trouva un mot d'ordre et des armes. C'est de là
que partirent les révoltés armés de ces maillets de plomb,
qu'ils y avaient pris dans l'arsenal, et qui les firent appeler *maillotins*.

La vengeance royale ne se fit guère attendre. L'année
qui suivit cette échauffourée sanglante, le roi rentrait à
Paris fort de sa victoire contre les communes des Flandres, et notre maison communale était la première et la
plus violemment frappée du contre-coup.

Le prévôt du roi y venait remplacer celui des marchands,
dont on supprimait les fonctions; et l'Hôtel de Ville n'é-
tait plus appelé, comme nous le voyons dans une ordon-

nance de 1383, que « la maison de la prévôté de Paris ».

Vingt ans après c'était de même, et pis encore. Bien qu'on eût rétabli le prévôt des marchands, et que Juvénal des Ursins, qui en tint le plus longtemps la charge, eût été le plus calme et le plus paternel des magistrats, la Ville n'avait pu néanmoins reprendre sa maison. En 1403, une autre ordonnance où elle est citée l'appelle « l'ostel du roy en Grève, » et le roi la traitait en effet comme un logis à lui. L'année d'après, dans une ordonnance qui confirme les précédentes, il est dit que « les caves de l'ancienne Maison de Ville serviront pour les vins du roi ».

Enfin, en 1415, tout change. Le moment est venu de s'appuyer sur les bourgeois. Une ordonnance, préparée par celle du 12 janvier 1411, dont nous avons parlé, est définitivement faite. Elle rétablit avec ses vraies bases et réorganise l'ancienne prévôté des marchands. Paris reprend son Hôtel de Ville, et ne le perd plus.

CHAPITRE III

Après les troubles des maillotins et de Caboche, il faut attendre jusqu'à Louis XI, pour voir reparaître dans l'histoire l'Hôtel de Ville et la Grève.

Nous ne connaissons rien d'aussi navrant que l'état de Paris, de 1418 à 1436, pendant les dix-huit ans de l'occupation anglaise; rien de plus affligeant surtout, que l'aspect de la Grève désertée, dépeuplée, ne servant plus, comme pendant l'hiver de 1435, qu'à entasser les neiges; et celui de l'Hôtel de Ville, où l'étranger prend au mois de novembre 1431, pour faire cortège à son roi enfant, le

prévôt et les échevins « tous rouges, tous vestus de vermeil, chascun un chappel en sa teste; » et d'où ce roi
anglais ne partira pas, sans y avoir laissé sa marque.

Sauval nous a laissé un fragment de compte bien tristement curieux, sur l'unique embellissement qui fut fait
alors dans cet Hôtel de Ville de Paris, devenu anglais.
C'est en 1430. Parmi les salles de l'Hôtel, la grand'chambre,
l'auditoire d'en bas, etc., que Colette la Moinesse jonche
d'herbe verte depuis mai jusqu'en octobre, tandis que, d'octobre en mai, le nattier Évrard de Troyes les tapisse de
ses nattes, il en est une « la chambre qui tient au bureau »
qu'il reste à orner de peintures. Mahiet Biterne est pour
cela mandé et mis en besogne. Il peint d'abord sur les
poutres et lambris, « en façon du temps » le navire de la
Ville, la nef d'argent sur champ de gueules avec chef d'azur
fleurdelysé, puis à l'entour, il dispose des entrelacs de
fleurs de lys et de rosiers. Or, que sont ces rosiers que
Sauval ne semble pas voir, et qui, à cette date de 1430, ont
pourtant une si poignante signification? Ce sont les rosiers
d'Angleterre. Bedfort, qui commande à Paris pour Henri VI,
a voulu laisser sur les murs de son Hôtel de Ville, auprès des lys qui ne sont plus là que des fleurs vaincues et
profanées, la terrible rose rouge de Lancastre, dont les
épines étaient alors si profondément enfoncées au cœur de
la France.

Quand Paris, fut enfin délivré du fardeau, que sa durée
avait rendu insupportable, il eut l'excès de la joie comme
il avait eu celui de la résignation. Sans prendre le temps

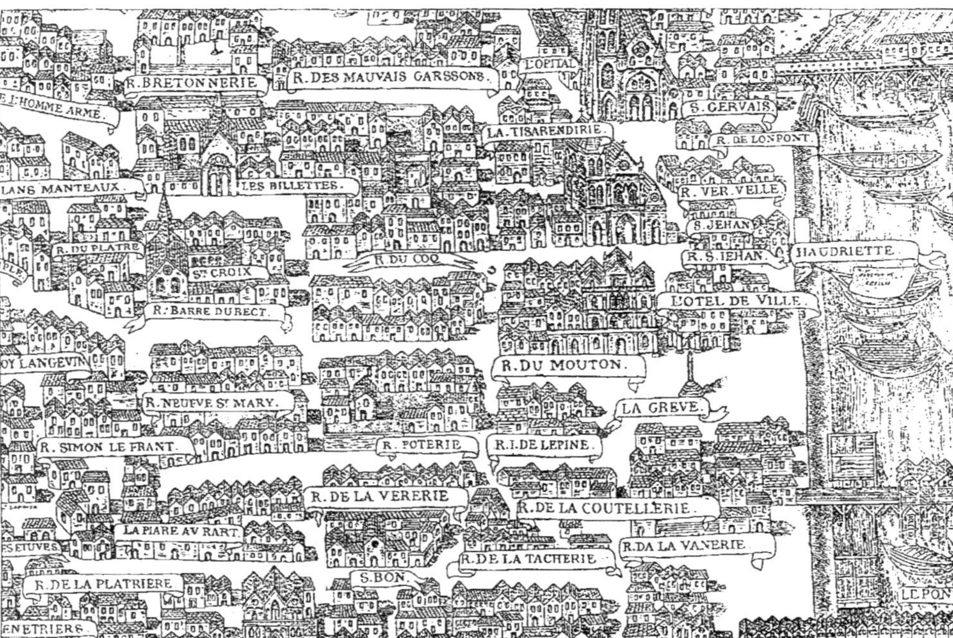

Fig. 12. — Quartier de la Greve, fragment du plan de la Tapisserie de la Ville.

de faire une élection, il nomma d'élan à la prévôté des
marchands le bourgeois Michel Lallier, qui avait eu le courage, en avril 1434, d'en entraîner 4 ou 5,000 autres, et de
les mener au connétable de Richemond, dont les troupes,
aidées de cette force, s'étaient rendues maîtresses de la
Porte-Saint-Jacques, et par là, de la ville entière.

Charles VII était alors rentré à Paris, mais n'y faisait
pas grande figure. Sa grande tâche était de repeupler la
ville et de la rendre sûre aux habitants qui revenaient. Le
Bureau même de la Ville dut l'y aider. Dès 1437, il le
chargea de recevoir le serment de fidélité de ceux qui rentraient; et, l'année suivante, il lui enjoignit, par ordonnance, d'avoir à mieux aviser à la garde de la Ville. La
façon dont s'y faisait la police était, en effet, chose pitoya-
ble; on s'y serait cru encore, à la pire époque du temps de
Charles VI, lorsqu'en décembre 1417, par exemple, il avait
fallu faire crier, par les carrefours, que le sceau de la marchandise avait été volé. En 1446 c'est l'argent même de la
caisse qu'on enlevait, ce qui exigea une fermeture plus solide. Le serrurier Oudin Harelle reçut donc 10 sous parisis,
comme prix d'une forte serrure « pour fermer l'huis du
comptoir où se tient Martin La Planche en l'hostel, pour ce
que celle qui y estoit avoir esté crochetée par malfaiteurs ».
La même année, craignant qu'on ne s'attaquât de même
aux registres, il fut payé au huchier Jean Collot 66 sous
parisis pour coffres et bancs « à la chambre de l'hostel, où
se tient le conseil, » lesquels serviraient à renfermer les
comptes, lettres, etc.

Lorsque Louis XI commença à régner, Paris était redevenu ce qu'il devait être. La population s'y accroissait, et
l'ordre et le calme s'y trouvaient partout. Le nouveau roi
fit sa principale force de cette ville si bien rendue à elle-
même. Résolu de s'appuyer sur sa bourgeoisie, il n'épargna
rien pour avoir toujours à sa dévotion ceux qui la repré-
sentaient : le prévôt et les échevins.

Il disait un jour devant le jeune Montmorency qui s'en
souvenait encore et le répéta étant bien vieux, sous François Ier : que Paris lui était tout, et que, s'il plaisait à Dieu
qu'il y fût toujours avant ses ennemis, il était sûr de conserver sa couronne sur sa tête, ce qu'au contraire il n'ose-
rait espérer, s'ils le prévenaient en se rendant maîtres de
cette ville.

Ses premiers actes furent donc pour Paris et sa prévôté
des marchands. Il était à peine roi depuis un mois, que, le
31 août 1461, il avait déjà fait solennellement son entrée
dans Paris avec un magnifique cortège, et au milieu de
spectacles, qui préparaient au mieux sa popularité. Peu
de jours après, il avait confirmé les habitants de Paris dans
tous leurs privilèges : et, ce qui n'était pas une grâce mé-
diocre en ce temps de gabelle, accordé au prévôt et aux
échevins l'exemption de tout droit pour l'achat du sel.
L'échevinage ainsi fut tout d'abord à lui. Il s'arrangea pour
se le conserver.

Au mois d'août 1464, un nouveau prévôt était à élire, et
plus que jamais, — car ses démêlés avec les princes s'ai-
grissaient, — il avait intérêt à ce que ce premier magistrat

Fig. 13. — Tourelle de l'angle de la rue du Coq-Saint-Jean et de la rue de la Tixeranderie.

de Paris fût à lui. Henri de Livres, dont le temps venait de finir, lui avait été tout dévoué, et rien par conséquent ne pouvait lui être plus agréable que de le voir maintenir dans sa charge. Il l'écrivit très nettement à ses chers bourgeois de Paris; et Henri de Livres fut réélu par les bourgeois. Peut-être si l'élection n'eut pas été si bien à sa guise, eût-il avisé à l'y ramener. Il avait, comme roi, le droit de prendre, le premier, connaissance du vote, de briser le sceau de la « scrutine, » comme on disait alors; et il n'était certainement pas homme à reculer devant un remaniement des suffrages qui n'auraient pas fait une élection suffisamment à son gré.

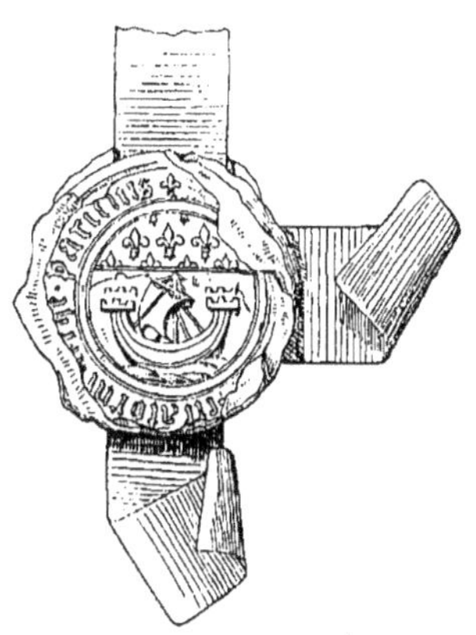

Fig. 14. — Sceau de la Ville (1426).

On ne doute guère de l'usage qu'il eut fait au besoin de son droit de vérification du vote, lorsqu'on voit à quel point il y tenait. Au mois d'avril 1466, une nouvelle élection du prévôt des marchands étant à faire, il exigea qu'on lui apportât à la Mothe d'Égry, près de Montargis, où il se trouvait, « la scrutine close et scellée », et pas un autre que lui n'en fit l'ouverture et le dépouillement.

Quand on fut au plus vif de la guerre du *Bien public*, après la douteuse journée de Montlhéry, les caresses de Louis XI pour Paris furent de plus en plus pressantes : il voulut être lui-même de la bourgeoisie de sa bonne Ville, et pour cela se fit recevoir à l'église de la Madeleine, en la Cité, « frère et compagnon de la grande confrérie aux Bourgeois ».

Quelques jours après, il fit plus : il alla, ce qu'on n'avait jamais vu, demander à souper au prévôt et aux échevins. « Et le mardy suivant, le roy, dit la *Chronique*, souppa en l'hostel d'icelle ville, où il y eut moult beau service de chair et poisson, et y souppèrent avec luy plusieurs gens de grant façon, invitez et mandez avec leurs femmes. » Il était moins venu pour le régal que pour quelques explications à donner et une communication à faire aux chefs des quartiers, qui étaient aussi de la fête. C'est par les explications qu'il commença, et très nettement. Il rappela ce qu'il avait accordé à la Ville, mais pour déclarer ausssitôt qu'il n'y avait eu, de sa part, en ces concessions aucun sentiment d'intérêt, aucune pensée de se donner ainsi des droits à réclamer leurs secours « en ses nécessités », ni surtout comme quelques-uns « pourroient avoir imagination » aucune intention de reprendre ce qu'il avait accordé, quand ces nécessités auroient pris fin. S'étant par ces bonnes paroles concilié tout ce monde, il arriva au principal objet de son discours : à l'annonce d'une grande mesure qu'il venait de prendre en replaçant, dans la prévôté de Paris, son féal Robert d'Estouteville, que le feu roi en avait ôté pour y mettre le sire de Villiers de l'Isle-d'Adam. Il termina en priant Messieurs de la Ville de lui obéir comme à lui, et en les invitant à se garder eux-mêmes de toute entente, de

« aucune partialité » avec gens qui ne lui seraient pas dévoués.

Sous une telle invitation faite avec la garantie d'un prévôt royal comme Robert d'Estouteville, il y avait un ordre, et au besoin une menace, choses qui, mieux encore que les caresses, entraient volontiers dans la politique de ce roi. Les terribles exemples y servaient aussi de moyens. Il ne les ménagea pas, comme on sait, et c'est à la Grève surtout qu'il en multiplia le sanglant spectacle. Cette place au reste lui était bonne pour tout ce qu'il croyait d'une utile action, soit comme joie, soit comme terreur sur l'esprit du peuple. Ne fut-il pas le premier roi qui vint y allumer le feu qu'on y faisait flamber tous les ans la veille de la Saint-Jean avec grand luxe de fagots et cotrets, aux frais de la Ville, et, « grande despense de bouche aussi, pain, vin, cerises, torches, épices de chambre, flambeaux et chandelles de bougie ».

C'est le 24 juin 1471, qu'il se donna à la Grève ce plaisir de popularité; moins de deux ans après, on y faisait, pour lui, besogne bien différente.

Le 30 mars 1473, on y tirait à quatre chevaux Jean Hardy, serviteur du bourgeois de Paris, Ythier Marchand. Jean s'était vendu au duc de Bourgogne, pour empoisonner le roi. Quoiqu'il eût été pris loin de Paris, c'est à la Grève, que le roi avait voulu qu'on l'écartelât et que sa tête fût mise au bout d'une lance devant l'Hôtel de Ville.

Pour lui il n'y avait que là bonne justice et supplice d'utile exemple. C'est encore en Grève que, deux ans plus tard, son bourreau Petit-Jean fut chargé de faire expier au connétable de Saint-Pol le double jeu qu'il avait trop longtemps tenu entre lui et le Bourguignon.

Le comte fut amené vers deux heures, le 19 décembre 1475, au bureau de la Ville, et de là conduit à un échafaud qui y touchait, sur lequel, faisant face à la multitude entassée devant le porche du Saint-Esprit, le bourreau Petit-Jean lui fit sauter la tête d'un si terrible coup de sa grande épée à feuille qu'elle en resta « esclatée et ébrêchée », et qu'il fallut la « remettre à point et rhabiller ».

Les dernières paroles du connétable avaient été toutes de repentir. Il avait demandé pardon au roi, et crié merci pour lui. Louis XI voulut qu'un souvenir restât de cette repentance, qui était un hommage à la justice de l'expiation. L'année suivante, une colonne de pierre « en façon de pilier, » haute de douze pieds, était élevée par le maçon Denis Aubert, à la place où M. de Saint-Pol avait été exécuté, et l'on y lisait gravé sur une plaque de cuivre par le « tumbier » Louis Evrard, en même temps que l'épitaphe du comte, les derniers mots qu'il avait prononcés.

Par ce monument durable de sa justice et du repentir de l'un de ceux qu'elle savait toujours atteindre, fussent-ils les premiers du royaume, le roi montrait à tous quels risques on courait en le trahissant ou se jouant de lui.

Jamais lui-même, du reste, il est juste de le reconnaître, ne se joua de son bon peuple de Paris. Il tint à son égard toutes ses promesses, et ne lui retira rien des faveurs accordées. Jusqu'à la fin même, il l'en combla. En 1474, c'est, par exemple, un privilège nouveau qu'obtient la Ville, pour les traites de blé; et, en 1480, faveur plus haute, l'exemption pour tout Parisien d'aller en personne, ou d'envoyer à la guerre « par raison des fiefs qu'ils tiennent ». En retour, il ne les greva d'aucune charge trop lourde. S'il y avait des gens de guerre dans Paris, l'habitant n'en souffrait pas. Dès 1465, des lettres royales avaient déclaré que les bourgeois de Paris ne pourraient être obligés de loger par fourriers.

Venait-il quelque prince ou roi, la Ville ne faisait pas les frais de ces dispendieuses visites. Lors du voyage d'Alphonse de Portugal, en novembre 1476, elle se contenta d'envoyer au-devant de lui hors des murs « le prévôt des marchands et les échevins qui, pour la dite venue, furent vestus de robes de drap de damas blanc et rouge, fourrées de martre ». Puis, après les cérémonies d'usage, le roi portugais fut mené loger non pas au Louvre, ni au Palais, ni en l'Hôtel de Ville : « Il s'en alla descendre, en la rue des Prouvaires, en l'hostel de maistre Laurent Herbelot, marchand et bourgeois, où il fut bien recueilli. »

La Ville, avec un roi qui lui était si peu à charge, gardait toutes ses ressources, et pouvait les employer pour elle-même. Son Hôtel s'en ressentit. Il se faisait bien vieux, et rarement, pendant les malheurs des derniers règnes, on s'était occupé de le réparer. C'est sous Louis XI, grâce aux impôts municipaux dont l'échevinage avait l'entière disposition, puisque le roi n'en prenait rien, qu'il y fut pourvu. A partir de 1470 des travaux considérables de réparation et de rajeunissement furent faits à la vieille Maison aux Piliers.

Elle tombait presque en ruine et, qui pis est, le nombre des services y augmentant, — nous avons vu que ceux du *Parloir* y furent transférés sous ce règne même, — elle devenait chaque jour trop petite. On n'y avisa que trente ans plus tard, au commencement du règne de Louis XII. En 1499, une galerie neuve fut construite dans la cour, et la charpente des bâtiments, qui tombait en poussière, fut refaite.

Ce nouveau roi contribua-t-il de ses deniers à ces travaux? nullement. Il en profita, lorsqu'ils furent achevés, pour faire une réception plus digne à l'archiduc d'Autriche, comte de Flandres, qui vint à Paris en ce temps-là; mais il n'y mit pas un écu de son trésor. Bien plus, c'est la Ville même qu'il chargea de tous les frais des cérémonies et des fêtes pour la venue et le séjour du prince. On lisait en tête du *Compte des octrois de* 1499 *à* 1502 : « Chapitre à cause des frais faits par ordre du roy pour la venue et entrée nouvelle de M. l'archiduc d'Autriche, comte de Flandres et de Madame sa femme en notre ville de Paris, où furent donnés et représentés des mystères, montant à 229 livres, 10 sous, 8 deniers parisis. »

Le « Père du peuple » ne fut pas pour Paris le plus paternel des rois. En toutes circonstances, comme en celle-ci, il fut très ménager de son argent, fort peu de celui des Parisiens.

Charles VIII les avait mis fort à contribution pour son

Fig. 15. — Les échevins de Paris portant le dais lors de l'entrée du roi Louis XI dans la Ville ; manuscrit du quinzième siècle, à la Bibliothèque nationale de Paris.

expédition d'Italie. Ils avaient dû lui fournir mille hommes
équipés et à leur solde, tant que la guerre durant ils res-
teraient sous la bannière aux armes de la Ville. Louis XII
en fit autant, mais avide surtout d'argent comptant, c'est
en beaux écus d'or et non en soldats dont beaucoup pourraient être des non-valeurs, qu'il réclama les secours de la
Ville. Une première fois, en 1503, il se fit donner à la suite
d'une assemblée à l'Hôtel de Ville, l'énorme somme de
40,000 livres, et une seconde fois, onze ans après, 20,000
livres encore. Il est vrai que pour indemniser Paris de ce
dernier subside, il permit au prévôt et aux échevins l'établissement d'un nouvel octroi. Toujours demander, sous
n'importe quelle forme, fut son fait pendant ses dix-sept
ans de règne. Il fit même contribuer Paris en 1507 à l'aug-
mentation de sa marine, « au restablissement des forces
sur mer qui, disait sa lettre, étaient fort diminuées ». Sous
prétexte, sans doute que la Ville avait un vaisseau dans
ses armes, il lui en demanda un véritable, de très forte
taille, 400 tonneaux, armé et gréé à ses frais. Paris se fit
un peu prier, supplia qu'on voulût bien se contenter d'un
navire moindre, 200 tonneaux au plus, et le roi consentit.

Pourvu qu'on ne refusât pas tout à fait, il était accom-
modant et mettait d'ailleurs toujours beaucoup de bonho-
mie, jamais de violence dans ses demandes. Aussi quoiqu'il ne se fît pas faute de les multiplier, ne cessa-t-il pas
d'être en fort bons termes avec les bourgeois. A l'époque
de son second mariage, ils n'eurent pas besoin d'être priés
pour lui être agréables. D'eux-mêmes avec le plus respec-

tueux empressement, ils fêtèrent la nouvelle reine, cette charmante Marie d'Angleterre, laquelle devint veuve peu de temps après.

A l'arrivée de la jeune reine, le prévôt des marchands et les échevins accompagnés d'un grand nombre de bourgeois lui firent le présent de la Ville « qui fut de vaisselle de vermeil de la valeur d'environ six mille livres; » et, chose qu'ils n'avaient point osé encore, ils la prièrent en même temps de vouloir bien leur faire l'honneur de prendre un dîner à l'Hôtel de Ville, ce qu'elle accepta volontiers quelques jours après. C'est le dimanche 26 novembre, que fut servi pour elle le premier repas vraiment royal qu'on eût vu à la Maison aux Piliers : le souper qu'on y avait dressé pour Louis XI, en 1465, n'ayant été qu'un régal tout bourgeois.

La reine prit place à table, avec Louise de Savoie, mère du prince François d'Angoulême, qui peu de semaines après devait être le roi François Ier.

C'est dans la grand'salle au premier étage, où s'était faite deux ans auparavant « la montre » ou revue des officiers de la Ville, que la table avait été mise avec le plus grand luxe; mais quoique cette salle fût immense, il y avait une telle foule pour voir la reine, la magnificence du festin, et surtout les spectacles promis comme entremets entre chaque service, que les servants de la table ne pouvaient y arriver, et que la plupart des plats restèrent en route ou à la cuisine : « Et, lisons-nous dans la description que donne *le Registre de la Ville*, une grande partie des viandes de-

moururent és cuysines en bas faulte de passage. » Le spectacle des *entremets* marcha mieux. Il n'y en avait pas moins
de douze, dont le dernier emprunté aux « estrangetez »
que les récentes découvertes de Colomb avaient mises à la
mode, causa surtout un émerveillement général.

Il n'y eut que les devises du roi, de la reine et de Madame d'Angoulême, faites en beaux vers par quelque poète
de la cour, qui furent autant admirés. « Et, dit encore le
Registre, eust de moult beaux entremetz, jusques à un
XIIe en représentation de plusieurs bestes sauvaiges, et devises du roy, et de la reyne et de Madame. »

Le nouveau règne qui ne tarda pas à suivre, car cette fête
se donnait à la reine dans les derniers jours de novembre,
et le roi mourut le premier janvier, fut des plus brillants
pour Paris, mais aussi des plus onéreux. La Ville eut sa
belle part dans les travaux que guida le goût éclairé de
François Ier; mais auparavant elle eut une plus grande part
encore au malheur de ses guerres. Que d'années elle fut à
la peine, avant d'être quelque temps à l'honneur!

Lorsqu'on songea enfin à travailler pour elle, et à l'em-
bellir, que de sommes énormes étaient sorties des coffres
de l'échevinage, pour soudoyer des troupes, payer des ran-
çons et lui donner à elle-même des fortifications suffisantes!

Dès les premiers mois, le règne ayant commencé en plein
danger, et Paris pouvant être menacé, il paraissait une ordonnance pour droits d'aides et subsides que rendait nécessaires le soin de sa défense.

On se reposa quelque temps dans la gloire et l'éclat que nous firent la victoire de Marignan, les fêtes du *Champ du drap d'or*, et cette lutte pacifique pour l'élection à l'empire, où François Ier faillit un instant l'emporter sur Charles-Quint; mais les malheurs suivirent de près, et la Ville en reprit le plus lourd fardeau.

En 1522, lorsqu'il fallut d'un côté ressaisir le Milanais et de l'autre se garder des Anglais et des Flamands entrés en Picardie, elle dut largement payer sa contribution d'hommes et d'argent. Duprat le chancelier fut, tout exprès, envoyé à la Maison aux Piliers. Il y remontra que les gens de Rouen s'étaient imposé « une aide » qui fournirait au roi « jusqu'à quinze cents hommes, » et que Paris ne pouvait faire moins. « Par amour ou par force, dit le bourgeois en son *Journal*, ils durent donc lui bailler mille hommes de pied souldoyez. »

Ce n'était pas autant que les Rouennais, mais on n'insista pas; on réservait à Paris, et sans tarder même, d'autres sacrifices.

Sur un conseil de Duprat, le roi avait aliéné, pour se faire des ressources, une partie des revenus de ses domaines dans la province.

L'idée lui vint d'une aliénation pareille pour Paris. Il n'y avait pas de domaines, mais des fermes d'impôt à sommes fixes, qui pouvaient au besoin en tenir lieu. Ne pouvait-on pas emprunter sur un de ces impôts affermés et en faire l'hypothèque d'une somme quelconque, dont tout ou partie du produit annuel paierait la rente? C'est ce qui fut tenté.

La Ville, sous la pression du roi et de son chancelier, aliéna pour 200,000 livres avec intérêt au denier douze et devant 16,668 livres de rente, une partie de son impôt du bétail à pied fourché. Les acquéreurs ne manquèrent pas : ce fut à qui des bourgeois et marchands apporterait son argent au Bureau de la Ville « à cause de la facilité, dit Félibien, qu'il y avait à recevoir des rentes exactement payées par le receveur ». Cette exactitude de paiement, nous le verrons, ne se soutint guère, ce qui n'empêcha pas, nous le verrons aussi, qu'on ne revînt souvent à cette ressource, origine de tant d'autres emprunts.

La dette publique inscrite au grand-livre en est venue. « Cette première aliénation, dit Le Roy, dans un traité spécial qu'il fit en 1717, est datée du 27 septembre 1522, et se conserve, avec toute les pièces qui y ont rapport, à l'Hôtel de Ville, dans la galerie appelée le Grand-Trésor. »

Le roi voulut bien se montrer satisfait de cette concession, pour laquelle Paris lui avait si peu marchandé ses ressources. Deux jours avant de partir « pour reconquester la cité de Milan, » il alla en personne à l'Hôtel de Ville prendre congé du prévôt et des échevins et leur rendre grâce. Au retour, plus d'un an après, le 4 mars 1524, il y vint de nouveau « remercier de l'argent baillé, » et préparer par ce remercîment la concession de nouvelles sommes. Il semblait prévoir que le moment des plus terribles sacrifices approchait.

Ils dépassèrent tout ce qu'on pouvait craindre. Le roi fut

pris à Pavie, et sa mère devenue régente n'eut que Paris pour ressource.

La conduite du Bureau de la Ville que présidait le prévôt Jean Morin, lieutenant général des baillages de Paris et du Palais et avec lui les échevins Pierre Lormier et Jean Turquam fut surtout remarquable. Grâce à eux, l'Hôtel de Ville fut le point de ralliement du dévouement et de l'ordre. Le prévôt et les échevins s'y logèrent, comme gardiens en permanence de la sécurité publique. Les clefs des portes de la Ville durent leur être remises à la nuit tombante, et ils ne les rendaient que le matin à six heures. Il fallut aussi que chaque quartier déclarât par son « quartinier » ce qu'il y avait d'hommes armés, et ce qu'il pouvait fournir de blé. Là il y eut résistance. Pour s'assurer de la vérité des premières déclarations que le Bureau ne trouva pas suffisantes, on fit des perquisitions et le mécontentement s'ensuivit. Les quartiniers vinrent un jour dire que le peuple « s'ennuyoit qu'on allât si souvent le visiter et faire recherche; » et ils demandèrent qu'on leur adjoignît à chacun deux archers et un conseiller de ville.

Quand il fut question d'argent, ce fut bien pis, mais le Bureau sut faire encore bonne contenance; on s'en tint d'abord à une simple demande de garantie. L'Angleterre, avec qui, coûte que coûte, il fallait faire paix et alliance, exigeait que Paris s'engageât « sous l'obligation de tous ses biens » comme caution du traité. C'était grave, il ne s'agissait pas moins que de garantir le payement aux An-

Fig. 46. — Assemblée de la Prévôté des marchands de Paris. Fac-similé d'une gravure sur bois des *Ordonnances royaux de la juridiction de la Prévosté des marchands et eschevinage de Paris*. Petit in-folio gothique.

glais de deux millions d'écus par annuités de 100,000 écus chacune.

Il y eut conseil sur conseil avec appel aux bourgeois qui n'apportèrent malheureusement que des cris sans une seule bonne raison et surtout sans un sou.

Le vieux Guillaume de Montmorency qui s'était mis avec quelques braves gens, comme lui au service de la Ville, s'indigna de ces criailleries stériles, un jour qu'il était venu à la maison de Grève, croyant qu'on en finirait.

Il ne put alors s'empêcher de dire à ces bourgeois ce qu'il avait sur le cœur, lui si dévoué, si résolu, à qui rien n'avait coûté pour cette paix avec l'Anglais qui était un acheminement à la délivrance de son maître : « J'ay, dit-il en finissant, — le *Registre* de la Ville, aujourd'hui brûlé, donnait toute sa harangue, — j'ay mis et obligé mon bien pour la délivrance du roy, et pour acquérir ceste paix ; je me répute bourgeois de Paris, et si je me pouvois mettre en mille pièces, je m'y mectrois volontiers pour le bien de paix et délivrance du roy. Nous avons en ce royaulme en nos dictz : Un Dieu, un roy ; à cette cause devons tendre à cette bonne paix et considération, et par conséquent à la délivrance du roy. »

L'effet de ce vaillant discours ne fut peut-être pas des plus vifs sur la foule qui l'entendit.

Le bourgeois, en effet, dont nous avons le *Journal* et qui se trouvait là a parlé de « gros débats, murmureries, puis enfin de refus ».

Heureusement le prévôt et les échevins se laissèrent convaincre, et l'engagement fut pris.

Ils n'eurent pas à s'en repentir. La Régente, par lettres formelles, les garantit de toutes les contraintes et poursuites qui pourraient résulter de leur engagement; et par la suite, en effet, ils n'en subirent aucune.

Le Bureau de la Ville, intervenant ainsi comme caution de l'État, prenait une véritable importance politique, dont firent foi les formules mêmes de la ratification du traité avec l'Angleterre. Le prévôt et les échevins de Paris y sont appelés : « représentants (*representantes*) des pouvoirs politique et communal (*politicum et commune*) de la dite Ville. »

Un an après, quand fut signé un autre traité encore plus important, celui de Madrid pour la délivrance du roi, qui avait obtenu d'être échangé avec deux de ses fils, en attendant l'entier payement de sa rançon, le rôle politique du corps municipal s'accentua plus encore. La Régente le consulta sur les conditions mêmes et les termes du traité.

Flatté de compter ainsi dans les affaires publiques, il y marchanda de moins en moins son dévouement et ses offres; et de moins en moins aussi l'on se fit faute d'y recourir. « Comme les offres de la Ville avaient resté sans bornes, dit Félibien, on mit sa bonne volonté à l'épreuve. » D'abord, on lui demanda, en février 1528, pour la rançon des princes échangés avec leur père et restés en otages pendant qu'il était, lui, revenu à Paris, l'énorme

Fig. 17. — Exécutions publiques. Fac-similé d'une gravure sur bois de l'ouvrage latin de Milæus. *Praxis criminis persequendi*, petit in-folio. Parisiis, Simon de Colines, 1541.

somme de cent mille écus, ou deux cent mille livres, car la valeur de l'écu était alors de quarante sous.

La Ville, après plusieurs assemblées où se trouvait ce qu'elle avait de plus considérable, depuis le Parlement, le Clergé et l'Université jusqu'aux plus notables des métiers et de la Marchandise, accorda la somme entière, en demandant toutefois « quelque modération, » c'est-à-dire diminution, si ce n'était pas impossible. Le roi lui fit remise d'un quart de la somme, mais avec ordre de n'en souffler mot, afin que dans le reste de la France, qui devait passer aussi par cette contribution, on ne fût pas encouragé à demander « modération » pareille : « A la charge, lisons-nous dans le *Registre*, de la tenir secrète, pour la conséquence des autres villes. »

Dix ans après, lorsqu'au réveil d'une nouvelle guerre et de dangers dont Paris lui-même pouvait être atteint, on demanda au Bureau de la Ville, presque ruiné déjà par la dépense des fortifications, la somme nécessaire pour armer et entretenir trois mille hommes, il cria grâce encore, et demanda de nouveau « quelque modération »; le roi y consentit une seconde fois.

Il n'y avait de refus formels à l'Hôtel de Ville, pour les demandes d'argent, que lorsqu'il s'agissait de réjouissances. On y regardait alors d'un peu plus près que le roi. Le 15 juin 1528, par exemple, dans le temps même où le Bureau faisait appel à toutes ses ressources pour payer les cent mille écus de la rançon, le prévôt royal, M. de la Barre, comte d'Étampes, étant venu prier Messieurs de la Ville de se mettre en frais, à l'arrivée du duc de Ferrare qui venait marier son fils avec madame Renée, fille de Louis XII et belle-sœur du roi, il y eut de la part du prévôt des marchands et des échevins le refus le plus net.

On ne demandait que bien peu de choses : quelques « momeries morisques, » alors fort à la mode, puis « quelques petits présents à M. le duc d'Angoulême, » le plus jeune fils du roi, le tout ne devant guère s'élever au plus qu'à la somme de cinquante écus ; il ne fut pas moins décidé qu'on ne donnerait rien : « A esté conclud, dit le *Registre*, qu'il estoit question de choses que la Ville n'avoit ci-devant fait ; que le greffier de la Ville iroit devers le dit comte d'Estampes, lui remontrer que la Ville ne peut se mesler de telles affaires, et le supplier d'en excuser. »

Le roi n'en voulut pas de ce refus au prévôt et aux échevins. Très peu de jours après, il venait à l'Hôtel de Ville avec ce même duc de Ferrare qu'on n'y avait pas voulu fêter, et, comme c'était la veille de la Saint-Jean, il descendait sur la place où tout était prêt pour le feu annuel, et il l'allumait lui-même, ayant en main « une torche de cire blanche garnie de velours cramoisi à la poignée ». Sa mère, cependant, se tenait à la principale fenêtre de la Maison aux Piliers, avec sa petite-fille la princesse Madeleine et madame Renée ; et douze pièces de grosse artillerie mises en ligne au milieu de la Grève, tiraient à toute volée.

Nous avons déjà vu Louis XI prenant part, devant l'Hôtel de Ville, à cette réjouissance populaire du feu de la

Saint-Jean, et presque aussitôt après, à la même place, sur ces cendres à peine éteintes, faisant dresser l'échafaud des supplices.

Il en était encore ainsi, avec cette différence que, le supplice du feu étant alors le plus ordinaire en raison des

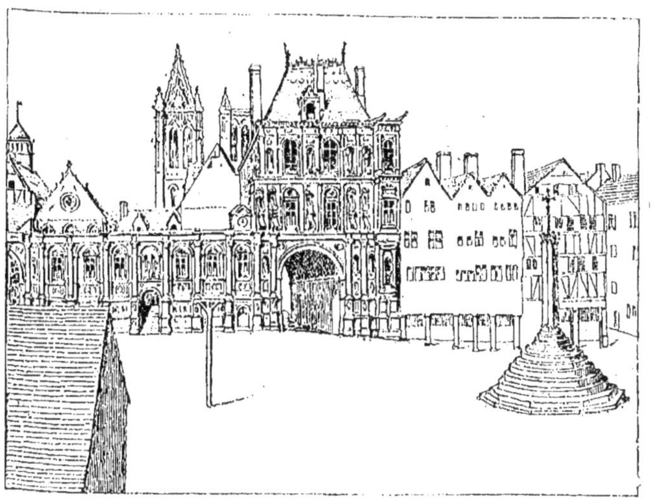

Fig. 18. — Vue de l'Hôtel de Ville en 1590; d'après un tableau appartenant à M. de Valençay.

crimes d'hérésie que multipliait la contagion luthérienne, on ne faisait souvent que substituer un bûcher à un autre : celui de l'exécution à celui du feu de joie.

L'un des plus sinistres fut le bûcher du malheureux Louis Berquin, le premier qui paya de sa vie, en Grève, ses concessions aux doctrines condamnées. Malgré l'implacable Sorbonne, il ne devait pas mourir. Le roi, après l'avoir fait plusieurs fois mettre en liberté, l'avait enfin gracié du dernier supplice.

On devait le mener à la Grève, brûler devant lui ses livres, lui percer la langue d'un fer rouge, le marquer au front d'une fleur de lys, et le ramener ensuite, pour toujours, au grand Châtelet « ès prisons de M. de Paris ». Le jour de l'exécution, il en appela de cette terrible sentence, qui, pourtant, était une grâce; le Parlement, pour en finir, ne fit droit à son appel qu'en le condamnant cette fois à être brûlé lui-même avec ses livres, et cela sans retard, le lendemain, ce qui fut fait. Les curieux, ils étaient vingt mille au moins, dit une *chronique*, qui l'avaient attendu la veille, à la sortie du Palais, n'avaient perdu un jour que pour avoir plus complet le sinistre spectacle. « L'an mil cinq cent XXIX, dit une autre relation, le samedy XVIII du dict apvril après Pacques, un gentilhomme hérétique nommé Loys Berquin, fut *brûlé devant l'hostel de la ville de Paris*. »

Un an après, autre bûcher sur la même place, mais pour une exécution plus juste. On y brûle un prêtre meurtrier, Pierre du Ponat, vicaire de Méru qui, de passage à Paris avec son curé, l'a égorgé la nuit, ainsi que son valet, dans une chambre du collège d'Autun, devant Saint-André-des-Arcs. En cinq jours son procès a été fait : le meurtre est du 29 avril, l'exécution du 4 mai. On a livré le prêtre homicide à « noble personne maître Jean Morin, lieutenant criminel, » qui l'a remis au bourreau. Mené devant le parvis de Notre-Dame, il a été dégradé, dépouillé

de ses habits, puis « habillé en habit fol ». On l'a conduit
ensuite sur un tombereau à la porte du collège d'Autun,
où a été dressée une potence. Sa main tenant le couteau
du meurtre lui a été coupée; on a battu cette main de ver-
ges, comme une criminelle, puis on l'a « fischée à la dite
potence, devant le dit colleige ». Enfin l'atroce supplice
s'est terminé sur le bûcher de la Grève.

Ce qui ne cesse de nous étonner, c'est l'étrange dis-
parate des choses, qui, tour à tour, avaient cette place
de Grève pour théâtre, et les mêmes gens pour spectateurs;
c'est, comme nous l'avons fait voir, le contraste inouï d'un
bûcher d'hérétique avec le feu de joie de la Saint-Jean
qu'il y remplace; ou bien le contraste encore de quelque
exécution par le glaive, avec la visite d'un prince ou d'un
roi, qui, pour se rendre à l'Hôtel de Ville, devra passer
au milieu des cris de fête, à l'endroit même où le sang a
coulé.

CHAPITRE IV

Déjà nous avons vu de ces visites princières, à Paris : celle de l'archiduc d'Autriche, sous Louis XII, et sous François Ier, celle du duc de Ferrare. D'autres se succéderont pendant le même règne, qui ne s'arrêteront guère sur la sinistre place, mais dont l'Hôtel de Ville n'aura pas moins beaucoup à s'occuper, surtout à propos des frais.

On s'y est montré plus qu'économe, car on a tout refusé, lorsqu'il s'est agi de M. de Ferrare. On sera moins ménager pour les autres qui sont de plus grands princes et auxquels l'intérêt de l'État veut réellement qu'on fasse honneur.

C'est d'abord à la fin de 1536 le jeune roi d'Écosse, Jacques V, dont l'alliance nous est d'une importance si haute. Il a, sans en être prié, équipé pour nous une flotte et une armée, et nous les a amenées lui-même. Comme remercîment François Ier l'a invité à venir jusqu'à Paris, et là, il le marie à sa fille Madeleine, l'aînée des filles de France.

Pour un si vaillant prince, dont le roi fait son gendre, la Ville ne marchande plus. Elle ne peut le recevoir dans son Hôtel, — nous dirons bientôt pourquoi, — mais elle dispose, ce qu'on n'a pas encore dit, de l'hôtel de Cluny, et c'est là qu'elle lui fait dresser, le soir même de son entrée, un souper des plus somptueux. Le *Registre* en donnait ainsi le compte : « Pour le souper et recueil fait au roy d'Écosse et à ses gens et autres princes et seigneurs étant en sa compagnie, en l'hostel de Clugny, le jour de sa dite entrée, lequel repas monta à 1,200 livres sept deniers tournois. »

On ne s'en tint pas, il s'en faut, à cette dépense, déjà considérable : Pour l'ornement des arcs de triomphe, la Ville paya 1,200 livres tournois à son peintre ; le dais qu'elle fit porter au-dessus de la tête du roi Jacques, lui coûta 224 livres ; il en fallut plus de 766 pour les robes toutes neuves que se firent faire le prévôt et les échevins ; les frais pour la cérémonie des noces à Notre-Dame avec « galeries, théâtres et descendues, » montèrent à 1,222 livres ; enfin le don de bienvenue, en vaisselle de vermeil, armoriée à ses propres armes qu'elle dut offrir au prince écossais ne s'éleva pas à moins de 4,564 livres.

Le tout, y compris 35 livres 15 sous données au maître d'artillerie de la Ville, pour avoir tiré trente-cinq pièces, à la Grève, le jour de l'entrée, dépassa la somme énorme de 8,200 livres.

Ce fut encore bien mieux, quatre ans après, au commencement de janvier 1540, quand l'hôte le plus considérable que François Ier pût recevoir, Charles-Quint, vint à Paris. Jamais la Ville ne fut plus expressément requise d'avoir à bien faire. Tout lui fut demandé, même d'être propre et nettoyée, ce qui était alors le plus grand luxe. Elle s'excusa de cette dépense, disant que sa propreté regardait le lieutenant criminel. On n'insista pas, mais où le roi ne souffrit pas de réplique ce fut pour les magnificences de l'entrée : le brillant des peintures d'arcs de triomphe, et le bruit des pièces d'artillerie. « Le dict seigneur entendoit, dit le *Registre*, que à ce jour de l'entrée, la Ville fust en feu par l'impétuosité desdites pièces. »

La Ville, représentée par messire Croquet, un de ses échevins, « remontra » qu'on était prêt à faire tout ce que le roi désirait, « mais que les deniers étoient courts ». Il n'y voulut pas entendre. Sa réponse fut que « jamais il n'avoit fait reffus à sa ville de Paris de choses dont il eut été requis, que bourgeois et parisien, il s'y estoit toujours employé et encore le feroit »; mais qu'en revanche, cette fois, il fallait s'exécuter pour lui plaire, et sans ménager rien.

A la magnificence de cette réception était attachée « la plus grande renommée de son royaume ». On se le tint pour dit, et l'on ne marchanda plus.

On accumula dans Paris tout ce qu'on put trouver de canons, et l'on mit en besogne les meilleurs peintres.

L'ordre était que partout l'aigle à deux têtes se trouvât figuré. La Ville voulut qu'auprès de cet emblème impérial, parût en quelques endroits la royale salamandre. Le roi le défendit : « et aussi, dit le *Registre*, pour ce que en l'une d'icelles inventions y voit une salamandre, qui pouvoit désigner sa personne, voulut icelle salamandre estre ostée. » Plaire en tout à l'empereur, le rappeler seul partout, en sa toute-puissance, telle fut la règle pour cette réception.

Le présent que lui ferait la Ville n'en fut pas le moins important détail.

On avisa d'abord de lui offrir un très riche buffet à ses armes; il était presque achevé déjà, lorsque le roi à qui l'on faisait voir le dessin des aigles, qu'on mettait aux deux bouts, demanda qu'on le remplaçât par un autre présent, où la cuisine aurait moins de part : « Autrefoys, dit-il, l'empereur luy avoit récité qu'il détestoit les tapisseries de son pays de Flandres, parce qu'en icelles sont toujours figurez quelques banquets, pots, tasses ou raisins, qui sont actes de mangerye. » Le buffet, dès lors changea de destination : on décida de l'offrir au premier ambassadeur qui viendrait après l'empereur. Pour celui-ci, le nouveau présent auquel on s'arrêta, d'après une idée que donna le roi lui-même, fut un grand Hercule d'argent « couvert de la peau de lyon bien dorée, » portant écrit sur son écharpe *altera alterius robur* et tenant en ses deux mains, deux

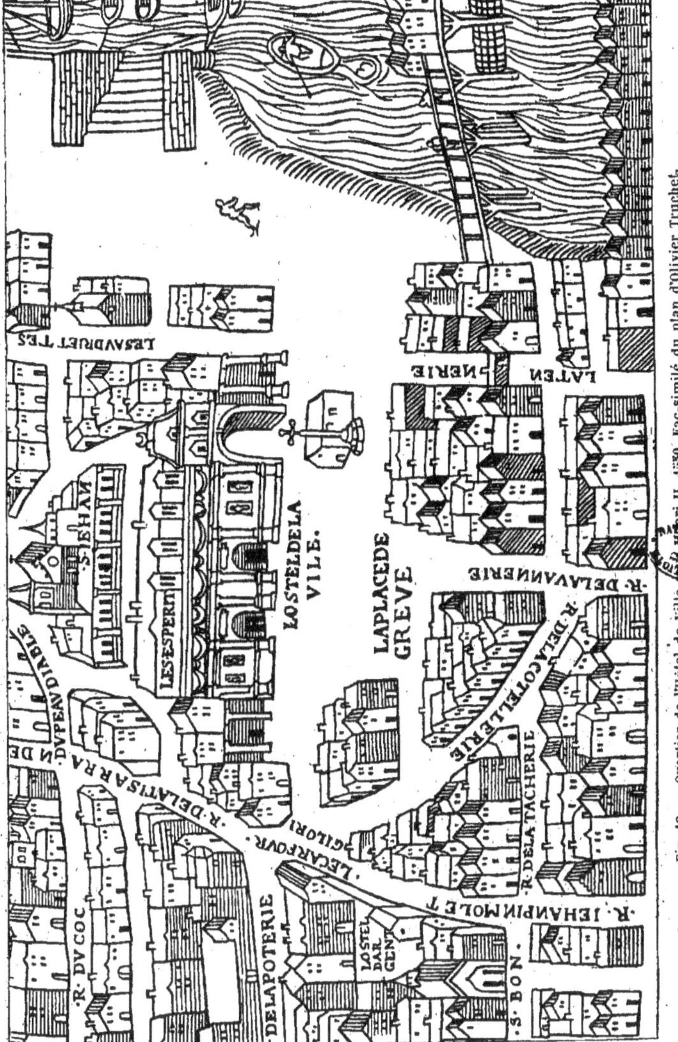

Fig. 49. — Quartier de l'Hôtel de Ville sous Henri II, 1550. Fac-similé du plan d'Olivier Truchet.

colonnes « comme les plantant de force en terre, et lesquelles colonnes appliquées à y mectre flambeaux quand
on voudroit ». La devise impériale *plus oultre* devait y être
écrite « à l'entour ».

Le Rosso, ou, comme on l'appelait en francisant son
nom, maître Roux, fut appelé de Fontainebleau, où il tra-
vaillait pour le roi, et on lui demanda le dessin et les
moules. Les orfèvres de Paris se chargèrent de la fonte et
de l'ajustage, dernier point qui ne les embarrassa pas médiocrement. Jamais ils ne purent venir à bout de la sou-
dure des bras et des jambes au torse. Ils furent contraints
de les lier avec des fils d'argent. C'est Benvenuto Cellini
qui nous l'apprend, non sans en rire un peu, dans son
Traité de l'orfèvrerie, à propos des douze statues, d'une
taille pareille à celle de cet Hercule, qu'il fit plus tard pour
le roi, et dont il parvint, lui, à bel et bien souder les membres.

Quand l'empereur arriva, le 1ᵉʳ janvier 1539, l'Hercule,
plus ou moins bien attaché, était prêt.

Aussi le lendemain de l'entrée, où Messieurs de la Ville
s'étaient signalés par leurs robes « mi parties de velours
cramoisy, mi parties de velours tanné » ; par une belle harangue du prévôt, offrant les clefs de la Ville ; et par le
spectacle ou *Mystère* du parc François avec ses lys, sur un
grand échafaud, à la porte Baudoyer, s'empressa-t-on de
faire porter à l'empereur, au Louvre, le magnifique présent.
Il pesait plus de deux cents marcs, et, suivant Cellini, il
avait plus de deux brasses et demie de haut. Quant au prix,

oublié partout, et que nous sommes enfin parvenu à découvrir dans un vieux compte de la Ville, il était de 10,078 livres.

« Et le lendemain, dit le *Registre* en son récit de la réception de l'empereur, alla loger au chasteau du Louvre, où mesdits sieurs de la Ville lui firent présenter un bel et grand Hercule effigié tout en argent… lequel estoit d'environ six pieds de haut… et avoit à ses pieds sur le devant le grand aigle à deux testes; lequel Hercule fut mis dedans un estuy de cuir sur lequel avoit deux aigles à deux testes dorez et estoit doublé de satin vert. »

S'il n'est pas question de l'Hôtel de Ville, même, dans toutes ces fêtes, dont son Bureau fait magnifiquement presque tous les frais, c'est qu'alors il n'est en état ni de recevoir, ni de loger personne… On le reconstruit de toutes pièces, et c'est à grand'peine qu'il abrite encore, en quelques coins des anciens bâtiments, son service d'administration.

Lorsque Charles-Quint est venu à Paris, depuis dix ans déjà, l'on s'occupait de ces travaux; et, comme nous allons le voir, dix ans après son voyage ils n'étaient pas achevés.

Le roi, sur un désir manifesté dans une assemblée générale de l'Hôtel de Ville, au gouvernement de Paris, le 13 novembre 1329, par le prévôt des marchands, Gaillart Spifame, les a lui-même ordonnés et dirigés.

Nous lisons, en effet, dans un des actes nombreux qu'ils motivèrent : « Bastiment et édifice de l'hostel commun de

la dite ville commandé par iceluy seigneur de nouvel estre
faict selon le portrait à luy montré. »

Ce n'était pas du reste un ouvrage isolé. Il faisait partie
d'un grand ensemble de reconstructions rêvé par François Ier
pour mettre Paris, demeuré trop gothique, au point de
l'architecture nouvelle, dont ce qu'il avait vu en Italie, et
les artistes qui en étaient venus à sa suite, lui avaient
donné le goût. Des lettres du 6 août 1534, à un moment
où s'accomplissait, un peu partout, ce grand travail, qui
nous valut, en outre du nouveau Louvre et de l'Hôtel de
Ville, la réédification de Saint-Eustache, de Saint-Étienne
du Mont, de Saint-Jacques-la-Boucherie, de Saint-Germain l'Auxerrois, etc., témoignent clairement de cette
sorte de reconstruction d'ensemble qu'il projetait pour
Paris.

C'est la Ville, dit-il dans ces lettres, où « entencion et
voulloir avons de faire la pluspart de notre vye notre demeure et résidence, » et qui, d'ailleurs, dit-il encore, « est
aujourd'hui la plus fameuse, populeuse, et louable ville et
cité non seulement de notre royaulme, mais de toute la
chrestienté, et où affluent et viennent ordinairement gens
et estrangers de toutes nations; » aussi, ne négligera-t-il
rien pour l'élargissement, « et mise à l'alignement de ses
rues, » pour la démolition de l'ancienne enceinte et des
vieilles portes qui en obstruent un grand nombre, et surtout
pour « l'embellissement et décoration ».

Une épigramme bien curieuse de Clément Marot, qui, je
ne sais pourquoi, n'a jamais été citée, peut servir d'amu-

sant commentaire à ces lettres royales qu'elle vise au reste directement.

Le titre dit, en effet, qu'elle fut rimée : *Sur l'ordonnance que le roy fist de bastir à Paris avec proportion.*

On y voit quel soin il apportait à ces embellissements, où lui-même allait de son argent et de ses conseils; l'Hôtel de Ville qui se reconstruit n'y est pas oublié, et le roi en a tout l'honneur; quelques nouveaux lieux publics pour lesquels il *devise*, c'est-à-dire donne les plans et *devis*, sont indiqués; et enfin arrive la pointe, que le malin ne manque pas de tourner contre les ennemis intimes que ses écarts de libre-pensée lui ont faits en Sorbonne :

> Le roi aimant la décoration
> De son Paris, entr'autres bien ordonne
> Qu'on y bâtisse avec proportion,
> Et pour ce faire argent et conseil donne;
> *Maison de Ville* y construit belle et bonne;
> Les lieux publics devise tous nouveaux,
> Entre lesquels au milieu de *Sorbonne*,
> Doit, ce dit-on, faire la *place aux Veaux.*

Dès la fin de 1529 on s'était donc mis en mesure de rebâtir l'Hôtel de Ville, en l'agrandissant. Plusieurs maisons avaient été acquises à l'entour, mais non sans peine, à cause de la concurrence des acheteurs et des prétentions des propriétaires. Il avait fallu obtenir lettres du roi, pour avoir « par justice lesdites maisons, en les récompensant de la juste valeur ». C'était déjà de l'expropriation forcée.

En l'espace de trois ans et demi, de décembre 1529 au

mois d'avril 1533, on n'acheta pas ainsi moins de onze
maisons, dont une sur la Grève, qui, après avoir été forge
de maréchal était devenue « ouvroir à barbier »; et les
autres tant du côté de la rue du Martroy, que vers Saint-
Jean. Ne pouvant s'étendre par devant, à cause de la place,
pas plus qu'à gauche à cause de l'hôpital du Saint-Esprit,
on se dédommageait par tous les empiètements possibles,
aux dépens de la pauvre église située en arrière, et de la
rue du Martroy, à droite.

Le portail de Saint-Jean fut tellement serré de près par
les bâtiments nouveaux, dont le sépara seulement désormais la plus étroite ruelle, qu'il ne fut plus possible d'en
voir autre chose que les deux tours du portail pointant
au-dessus de la masse qui les enserrait.

On crut à un parti pris, à une malveillance de la part de
la Prévôté contre l'église; une légende courut, dont Germain Brice se faisait encore l'écho deux siècles plus tard,
à propos de je ne sais quel démêlé entre le curé et le prévôt
des marchands, qui, du droit des plus forts, se serait
vengé de lui en masquant absolument son portail.

Rien n'est plus faux; il y eut nécessité et non malice. Il
en resta une preuve dans la forme même de la cour, qui
était, on le sait, un triangle tronqué, ou trapèze. C'est au
fond, du côté de Saint-Jean, qu'on en développa la plus
grande largeur, la base, tandis que du côté de la place, le
triangle allait se rétrécissant en pointe comme la place Dauphine à son entrée. On n'avait pu faire mieux, tant l'espace
manquait, par devant, sur la Grève.

On y aurait même été réduit, pour la façade du nouvel Hôtel, aux proportions très restreintes de la Maison aux Piliers,
si l'on n'eût pris le parti de développer cette façade, que la
rue du Martroy arrêtait d'un côté, et l'hôpital du Saint-
Esprit de l'autre, en couvrant à la fois le Saint-Esprit et la
rue du Martroy.

Un pavillon dépassant d'un étage le corps de logis principal fut élevé au-dessus de cette rue, avec une large arcade,
qui la laissait passer pour mettre Saint-Jean en communication avec la Grève, et qu'on appela *l'arcade Saint-Jean*.
(Fig. 20.) De l'autre côté, pour faire pendant, un pavillon
tout pareil dut être bâti devant le Saint-Esprit avec une arcade toute semblable, qui donnerait accès à la chapelle, et
dont les administrateurs de l'hôpital eurent grand soin de
faire stipuler, par acte, les dimensions, hauteur et largeur.

Pour bien marquer que la façade de l'hôtel ne dépasserait
pas ses deux pavillons de coin, et pour leur donner en
même temps un peu plus de largeur, à l'un et à l'autre, on
les flanqua tous deux, celui de la rue du Martroy sur la
droite, et celui du Saint-Esprit sur la gauche, d'une sorte
de tourelle carrée, qui formait encorbellement à partir de
l'entresol, et montait jusqu'à la corniche au-dessous du
toit. (Voy. fig. 23 et 24.)

Dans l'été de 1533, toutes les acquisitions faites et les
dispositions prises, on avait procédé à la cérémonie de la
pose de la première pierre. L'honneur devait en revenir
tout naturellement au roi, qui s'était si fort intéressé à cette

Fig. 20. — Arcade Saint-Jean, 1820. Vue prise de la rue du Martroi.

construction, et qui même avait voulu y laisser sa marque,
à l'une des places les plus apparentes. Nous voulons parler
des quatre F couronnés, et des quatre salamandres avec
couronnes fleurdelysées, qui ornaient à l'intérieur l'arc de
la porte du milieu, et qui, après une disparition de plus de
deux siècles et demi sous le massif exigé par la statue
d'Henri IV que François Miron y fit mettre en applique,
n'ont reparu que lorsque, en décembre 1873, ce massif fut
démoli. (Fig. 21.) Ce n'est pas tout; le nom du roi se trouvait en maint endroit de l'édifice. Il figurait en lettres d'or
sur la plaque de marbre qui surmontait cette même porte
ornée des salamandres, et il était gravé aussi le premier
sur la lame de cuivre, mise en terre avec la première
pierre.

François Ier était donc là présent partout. Il n'avait manqué que sa présence à la cérémonie de fondation. Qui l'a-
vait empêché? les plus puissantes raisons d'État. C'est cette
année-là qu'il avait fait avec la reine, depuis mai jusqu'en
novembre, ce long voyage dans le Midi qui se termina par
ses entrevues avec le pape à Marseille, et par le mariage
de son fils Henri avec la duchesse d'Urbin, Catherine de
Médicis. Le roi et la reine étant si loin de Paris, et la régente Louise de Savoie n'étant plus là pour les remplacer,
— elle était morte depuis un an, — le prévôt et les échevins
firent eux-mêmes la cérémonie. Pas une histoire n'en a
parlé, ce qui prouverait qu'elle n'eut pas grand éclat. Il
n'en est question que dans les livres spéciaux : *Les antiquitez, croniques et singularitez de Paris*, par Gilles Cor-

rozet, et *Le théâtre des antiquitez de Paris*, de Jacques du Breuil.

« En l'an 1533, dit celui-ci, dont la description, sans être très circonstanciée, donne le plus de détails, le 13 juillet fut posée la première pierre du nouveau bâtiment de l'Hostel de Ville, par messieurs maître Pierre Viole, sieur d'Athis, conseiller du roy nostre sire en sa cour du Parlement à Paris, prévost des marchands, et maistre Gervais l'Archier, Jacques Bourcier, Claude Daniel et Jean Barthélemy, eschevins, lesquels avaient chascun une truelle argentée pour prendre du mortier fait de sable et de chaux. Sur laquelle pierre estoit une lame de cuivre, où étaient gravées les armes du roy, et aux deux costez les armes de la Ville avec cet escrit : *Facta fuerunt hæc fundamenta anno Domini* M. D. XXXIII. *die. 15. Iuly, sub Francisco primo Francorum rege christianissimo, et Petro Viole, eiusdem regis consiliario, ac mercatorum huiusce civitatis Parrhisiæ, præfecto, ædulibus consulibus ac scabinis Cervasio l'Archier, Jacobo Boursier, Claudio Daniel, et Joan. Bartholomæo.*

« Pendant que l'on faisoit, continue Du Breuil, l'assiette de ceste pierre, sonnoient les fiffres, tambourins, trompettes et clairons, artillerie, cinquante hacquebutes à crocq de la Ville, avec les hacquebutiers d'icelle Ville, qui sont en grand nombre. Et aussi sonnoient à carillon les cloches de Saint-Jean en Grève, du Saint-Esprit et de Saint-Jacques de la Boucherie. Aussi au milieu de la Grève, il y avoit vin défoncé, tables dressées, pain et vin pour donner à boire à tous venans, en criant par le menu peuple à haute voix : *Vivent le roy et messieurs de la Ville.*

« Au-dessus de la grand'porte dudit Hostel fut escrit en marbre ce qui s'ensuit. »

Du Breuil donne alors l'inscription, que nous reproduirons de préférence d'après Corrozet, qui fait mieux juger de la disposition des lettres d'or, sur le marbre noir, et de la forme même de ces lettres. Rien n'y est indifférent. C'est un document que cette inscription. La part prise par le roi au monument commandé par lui, et que la Ville ne construit que comme étant sa mandataire, s'y trouve constatée, et, ce qui n'importe pas moins, le nom de l'architecte y figure :

SENATUI, POPULO, EQUITIBUSQUE PARISIEN. PIE DE SE MERITIS, FRANCISCUS PRIMUS FRANCORUM REX POTENTISSIMUS HAS ÆDES A FUNDAMENTIS EXTRUENDAS MANDAVIT, ACCURAVIT, CONGENDISQUE PUBLICE CONSILIIS ET ADMINISTRANDÆ REIPUBLICÆ DICAVIT, ANNO A SALUTE CONDITA. M. D. XXXIII, IDIBUS SEPTEMBR. PETRO VIOLA PRÆFECTO DECURIONUM. CLAUDIO DANIELLE, JOANNE BARTHOLOMÆO, MARTINO BRAGELONIO, JOANNE CURTINO DECURIONIBUS.

DOMINICO CORTONENSI ARCHITECTANTE.

Quel était ce Dominique de Cortone, qui a l'honneur d'être nommé seul comme architecte du monument? On est, sur lui, fort peu renseigné. Il venait d'Italie, de la petite ville de Cortone en Toscane, voilà ce qui n'est pas douteux, et sans doute, il en avait été amené par le roi lui-même.

Mariette, qui, dans son *Abecedario*, nous a le plus parlé de lui, le nomme Dominique Barnabé de Cortone, lui donne pour maître Jullien de San Gallo, et ne le fait venir en France, comme nous le disions, que sous François I er. Quant à son surnom de *Boccador* ou *Boccadoro*, dont personne n'a rien dit, si ce n'est Sauval, qui même ne le cite qu'une fois, Mariette n'en parle que pour démentir qu'il l'ait jamais eu : « Sauval, dit-il formellement, le nomme *Boccadoro*, mais mal à propos. »

Cortone avait donné les dessins que nous avons vus soumis à l'examen du roi, et il conduisit les travaux, moyennant 250 livres de gages par an. Ses deux aides, Asselin, maître des œuvres de la Ville, et le tailleur de pierre De Chambiche, touchaient, l'un 75 livres par an, l'autre 25 sous par jour.

Cent ouvriers, y compris les maîtres, furent ensemble à l'ouvrage, qui d'abord marcha vite. Moins d'un an après, en juin 1534, on faisait déjà venir peintres et sculpteurs pour les ornements, et Cortone et les autres recevaient ordre du Bureau de la Ville, pour qu'ils eussent encore à presser les travaux davantage.

Des dissensions entre les maîtres y furent une entrave, l'année suivante, mais le roi, dans une visite, que lui fit le Bureau à Saint-Germain, ayant expressément recommandé de les hâter « puisqu'on était en paix » on les reprit avec activité. Ce fut malheureusement pour les interrompre en-

core l'an d'après, et cette fois sur l'ordre même du roi, à
cause de la guerre qui recommençait. Il est vrai que quelques mois plus tard, à la première éclaircie de paix, que
donna la trêve de Nice, il fut le premier à dire au prévôt
de Thou de les faire reprendre et ne n'y rien épargner,
dût-on rogner un peu sur l'argent des fortifications qui
avaient déjà dévoré plus de cent mille livres. On ne s'arrêta plus qu'on n'eût à peu près terminé quelque chose. La
cour, cette merveille de grâce où Cortone avait, avec une
si habile aisance, triomphé des exigences de la forme en
trapèze, et surtout des différences de niveau qui l'avaient
obligé d'élever le sol de près de douze pieds, était assez
avancée; on l'acheva, sinon entièrement, du moins sur deux
côtés.

Peu de temps après, le maître des œuvres pouvait faire
graver le chiffre de l'année 1539, en haut des trois lucarnes
du milieu sur la plus grande partie, celle du fond ; et quelques
mois plus tard le chiffre 1540 sur les deux autres lucarnes
du même côté. On fit venir alors Jean Huillot, « charpen-
tier de la grand'coignée, » avec le couvreur Jehan Penelle,
et en quelques semaines, ils eurent fait bonne et solide couverture en forte charpente, et belles ardoises, tant pour la
partie du fond du côté de Saint-Jean, que pour celle de droite,
du côté du Martroy, qu'on avait aussi achevée.

Les travaux se ralentirent ensuite. Dès 1541, l'Hôtel de
Ville qu'on avait un peu préféré aux fortifications de Paris,
dut à son tour se sacrifier pour elles. La moitié au moins
de l'argent qu'on lui consacrait annuellement y passa. Au

lieu de cent ouvriers employés dans l'origine, il n'y en eut plus guère que cinquante, y compris les aides.

En 1544, lorsque Pierre Chambiche, qui, nous l'avons vu, dirigeait la maçonnerie, mourut, l'édifice n'était donc pas beaucoup plus avancé : tout en avait entravé l'achève-ment, l'insuffisance du nombre des travailleurs, et les fré-quentes interruptions du travail.

A la mort de François Ier, son fils, désireux de popula-rité comme tout nouveau roi, donna des ordres pour pres-ser cet ouvrage si populaire à Paris. Nous voyons ainsi qu'en 1548, des mesures sont prises pour qu'on s'y emploie plus régulièrement, et avec plus d'assiduité. Malheureuse-ment la direction y manque bientôt. En 1549, — c'est par Mariette seul que nous l'avons appris, — Dominique de Cor-tone meurt, et avec lui disparaît la plus grande partie de ce qu'on n'avait pas encore exécuté de son plan. Ceux qui le critiquaient, en ayant quelque autre à substituer au sien, l'emportent, et ainsi s'explique ce passage de Sauval, inexpli-qué jusqu'à présent : « Vers l'année 1549..... on réforma le dessin. Le bâtiment ne fut achevé que sur le devis et élévation qu'on fit voir à Henri II, à Saint-Germain-en-Laye. »

De qui était « le dessin » nouveau? On l'ignore. Félibien nomme Du Cerceau; mais comme il n'aurait eu alors que dix ans, à peu près, l'attribution est plus qu'invraisem-blable.

C'est à la partie extérieure du monument, que s'appliqua surtout le nouveau dessin dont le style, différent en plus

d'un point de celui de la cour, indiquait au reste qu'il n'é-
tait pas .de la même main. Dominique de Cortone, à qui
l'on doit la cour, n'aurait ainsi été pour rien dans la façade.

Fig. 21. — Détail de l'arc doubleau A.   Porte centrale de l'Hôtel de Ville.
C, trace de la dalle en marbre qui portait la statue de Henri IV.

Or, c'est pourtant, première erreur, ce qu'on lui attribue
surtout, en lui donnant, autre erreur, le nom de Boccador,
qui, nous l'avons vu, n'était pas le sien!

Le pavillon de l'arcade Saint-Jean fut ce que l'on construisit d'abord d'après les plans nouveaux. Le chiffre de Henri II retrouvé, lors des démolitions qui précédèrent la reconstruction actuelle, sous la corniche supérieure, où l'avait déjà signalé M. de Guilhermy; et les croissants mêlés aux fleurs de lys, qui couraient en épis sur la crête du toit, comme les fait voir encore une gravure du dix-septième siècle, prouvent qu'il fut achevé sous ce règne. Il dut l'être même d'assez bonne heure. Dans une délibération du Bureau de la Ville du 14 novembre 1551, dont le procès-verbal fut conservé, il est parlé d'un pavillon, où des bureaux étaient déjà installés « en haut, » qui ne peut être que celui-ci.

Il y est aussi question « d'une viz ou escaillier, » à construire sans retard pour monter à ces bureaux, qu'il ne faut pas confondre avec celui dont François Ier, dès 1535, avait recommandé la construction, et que nous trouvons en effet, six ans après, en 1541, construit à l'extrémité de l'aile du Martroy touchant « le corps d'hostel » du côté de Saint-Jean. L'escalier dont nous parlons, situé au contraire à l'autre bout de cette aile de droite, est le même qui resta, jusqu'à l'incendie de 1871 un des ornements de l'Hôtel de Ville. Il se voyait, à droite, en entrant dans la cour, dont les voûtes à sculptures délicates de ses parties rampantes, et les plafonds à caissons de ses quatre paliers rappelaient le style.

Dans le procès-verbal de la délibération du 14 novembre 1551, où sa construction se trouve en projet, apparaît encore un autre plan à exécuter, celui d'une « grand'salle, » qui devait, dans « le vieux corps d'hôtel, » non encore dé-

moli sur la place de Grève, prendre la place des bureaux
« tant de la justice que des recettes et greffes ».

On ne tarda pas à la construire, nous ne pouvons dire
au juste à quel endroit, mais ce dut être à gauche du pavillon Saint-Jean, entre l'arcade d'un côté, et de l'autre la
porte du milieu, dont nous avons vu la voussure ornée de
salamandres, et qui, depuis qu'on l'avait surmontée de
l'inscription en lettres d'or, sur marbre noir, était restée
la seule chose à peu près achevée de la façade centrale.

Au commencement de 1558 « la grand'salle » était terminée et Messieurs de la Ville y pouvaient recevoir le roi,
qui, pour fêter la récente prise de Calais par M. de Guise,
avait voulu venir souper, le jeudi gras, à l'hôtel de la
Grève.

« La grande salle fut nattée par le bas, et accoustrée
de lierre par le haut en forme de plancher, et y avoit, ajoute
le *Registre,* force chapiteaux de triomphe. » Enfin, détail
infiniment curieux, « la dite salle étoit tapissée de la ta-
pisserye de la Ville », c'est-à-dire, sans nul doute, de
cette tapisserie fameuse, sur laquelle était figuré le plan
de Paris, et qui peut-être, car elle date de cette époque
même, apparaissait pour la première fois dans cette salle,
dont il semblerait, d'après cela, qu'elle devait être l'ornement particulier aux jours de galas solennels.

L'un des principaux attraits de celui dont nous parlons
était, d'après le projet de Messieurs de la Ville, une représentation dont ils avaient chargé le poète Jodelle, et
pour laquelle celui-ci, aidé de onze de ses « compai-

gnons, » avait, par allusion au vaisseau de Paris, choisi
le sujet du *Navire des Argonautes*. On n'avait rien
épargné « pour cette comédie ou poésie, devant le Roy, et
fut achapté grande quantité de draps de soye et d'or pour les
accoustrements ». C'est entre le souper dans la grand'salle,
et la collation donnée plus tard « dans le grand bureau
d'en hault, » qu'elle fut jouée, mais sans qu'on en tînt
grand compte, et au milieu de toutes sortes d'accidents.
Des douze acteurs, les uns ne savaient pas leur rôle, et
les autres n'en pouvaient presque rien dire étant trop
enroués. Ce n'est pas tout, « l'Orpheus » de la pièce ayant
paru « sonnant et chantant, à la louange du roi, une
petite chanson, » dont la mélodie devait attirer à sa suite
deux *rochers*, « avec musique au dedans, » ce sont des
clochers qui arrivèrent! Les deux mots se ressemblant
beaucoup, le machiniste, fort peu ferré sur la légende
antique, avait entendu l'un pour l'autre dans l'ordre que
lui avait donné Jodelle.

Celui-ci jouait Jason; à la vue de ces clochers du temps
des Argonautes, il faillit suffoquer, et perdit tout à fait
la mémoire. Lui-même nous a donné sans en omettre
rien, le détail de « son désastre », comme il dit, dans le
livret in-4°, aujourd'hui rarissime qu'il publia peu après
et dont voici le titre : *Recueil des inscriptions, figures,
devises et mascarades, ordonnées en l'Hostel de Ville de
Paris, le jeudy 14 février* 1558.

La reine Catherine, qui avait été de cette fête, revint
plus tard en la grand'salle de l'Hôtel de Ville, mais bien

différente de ce qu'elle était ce jour-là. L'argent manquait, et il ne fallait pas moins de 300,000 livres pour armer 10,000 hommes, dont avait besoin son fils Charles, contre les huguenots.

Beaucoup de résistance était à craindre de la part du prévôt et des échevins, aussi ne dédaigna-t-elle pas de venir elle-même présenter sa supplique, et se soumit-elle à attendre pendant qu'on délibérait s'il y serait fait droit : « Et, dit la *Chronique,* fut intimé à ladite reine qu'elle se retirast en une chambre qui lui avoit été préparée près de la grand'salle. »

Elle fit ainsi, comme nous dirions, antichambre pendant plus d'une heure que dura la délibération, où du reste, il fut conclu qu'on lui accorderait ce qu'elle venait demander. « Ce faict, continue le chroniqueur, ladite dame reine revint à ladite salle, et, étant assise en sa chaise, lui fut déclarée ladite conclusion, dont elle remercia bien fort ladite compagnie. »

Que d'autres requêtes de même sorte avaient précédé celle-là, et que d'autres la suivirent! Pour qu'elles fussent bien accueillies, tantôt on flattait la Ville, comme le jour où on la fit marraine du duc d'Anjou, qui changeait de nom à la confirmation; tantôt on la menaçait en ses privilèges, comme au mois d'août 1564, lorsque Charles IX lui prit en partie le droit d'élire ses magistrats, qu'il lui rendit d'ailleurs tout entier, six ans après.

Sous cette double pression de caresses ou de menaces, la malheureuse Ville accordait tout ce qu'on voulait, et s'endettait chaque jour davantage. De 1562 à 1576, ses principales ressources s'épuisèrent à satisfaire les demandes de la cour; presque tous ses impôts furent aliénés pour créations de rentes. Il n'y eut pas moins, suivant Le Roy, de vingt-quatre ou vingt-six aliénations nouvelles, « de manière qu'alors, dit-il, cette manière de rente se trouva monter à peu près à dix-neuf mille livres ».

Quand on en fut là, il fallut refuser ou faire banqueroute. On refusa; mais alors le roi, c'était Henri III, vint lui-même prendre l'argent. L'Estoile parle de 300,000 fr. qu'il prit ainsi en mars 1582, dans les coffres de Vigny, receveur de l'Hôtel de Ville, et de 200,000 autres encore, qu'en septembre 1584 il se fit de même donner par force.

Il y eut de très vives plaintes où le Parlement soutint le prévôt et les échevins qui vinrent un jour « hautement et librement » remontrer au roi, que la banqueroute était iné-vitable après de pareilles mesures, qu'on ne pourrait plus payer à la caisse des deniers de Paris, et qu'enfin « les pauvres veufves et orphelins qui avoient tout leur bien sur la Ville, crieroient contre lui, et demanderoient vengeance à Dieu de ce qu'il leur retiendroit les moyens de vivre, et avoir du pain en un temps si cher et si misérable ».

Il ne semble pas qu'il ait tenu compte de l'énergique supplique, car la banqueroute arriva; cette banqueroute, dont on n'a pas assez parlé et qui, plusieurs années après, en 1597, inspirait à Estienne Pasquier, dans une lettre à l'historiographe Jean de Serre, cet étonnant passage :

« Je vous laisse à part, dit-il, la faillite de l'Hostel de Ville de Paris, c'est-à-dire de l'Estat, sur lequel ses rentes sont assises... et une infinité d'autres ruines que l'on est contraint d'introduire pour nous garantir d'une plus grande ruine. Et au bout de tout cela ne pouvons-nous dire qu'en ce grand corps de nostre France, il y a une dissolution générale de tous ses membres, prognostic très certain de sa fin. »

L'Hôtel de Ville est aujourd'hui loin de la banqueroute et, comme bien des faiseurs de pronostics, Estienne Pasquier s'était trompé.

CHAPITRE V

L'Hôtel de Ville sous Henri III. — Exécution de La Mole et Coconas. — Le duc de Guise à l'Hôtel de Ville. — Les *Seize* et Paris-République. — Les prévôts Marteau et Boucher. — Comment le duc de Mayenne entend les élections municipales. — L'avénement d'Henri IV préparé à l'Hôtel de Ville. — Rétablissement du feu de la Saint-Jean. — Achèvement de l'Hôtel de Ville, d'après les anciens plans. — Le sculpteur Biard et la statue équestre d'Henri IV. — Le prévôt François Miron. — Les cheminées de la grand'salle. — Les tableaux de François Porbus. — L'entrepreneur Marin de la Vallée et le pavillon du Saint-Esprit. — Supplice à la Grève. — Louis XIII à l'Hôtel de Ville et au feu de la Saint-Jean. — La fontaine de la Grève. — Richelieu et les rentes de l'Hôtel de Ville. — La Fronde et les rentiers de la Ville. — Les Princes à l'Hôtel de Ville. — Émeute qu'ils provoquent à la Grève, le 4 juillet 1652. — Incendie des portes de l'Hôtel. — Envahissement des caves. — La garde bourgeoise pactisant avec la foule. — Intervention du *Roi des Halles*. — La révolution frondeuse maîtresse de l'Hôtel de Ville avec Gaston, Beaufort et Broussel. — Retour de Mazarin. — La première statue de Louis XIV à l'Hôtel de Ville. — Le prévôt Le Pelletier et le *Quai-Neuf*. — Le meunier *à l'anneau*. — Supplices de la marquise de Brinvilliers, de la Voisin et de madame Tiquet. — Louis XIV à l'Hôtel de Ville en 1686. — Nouvelle statue du Roi par Coysevox. — Ce qu'elle devient, comment elle est sauvée pendant la Révolution, en 1792, et sous la Commune en 1871. — Fêtes à l'Hôtel de Ville pendant la Régence et sous Louis XV. — Projet de mettre l'Hôtel de Ville où est aujourd'hui la Monnaie. — Les six cents mariages du 9 novembre 1751, célébrés aux frais de l'Hôtel de Ville. — Supplice du comte de Horn, de Cartouche, de Damiens, de la Lescombat et du comte de Lally.

Le temps de Henri III et celui de la Ligue furent des époques trop dures et trop livrées à la politique, pour qu'on eût le loisir de s'occuper beaucoup de l'Hôtel de Ville et de son achèvement. Il resta ce qu'il était sous Henri II et sous Charles IX, tel que le dessin à la plume assez grossier du Rémois Jacques Cellier nous l'a figuré de 1583 à 1587. (Fig. 23.)

Le corps d'hôtel sur la place de Grève n'eut toujours qu'un rez-de-chaussée, avec un étage; le pavillon qu'on devait élever devant l'hôpital du Saint-Esprit continua à n'avoir de complètement terminée que sa haute arcade, surmontée ou plutôt coiffée d'un pignon pointu; enfin le pavillon Saint-Jean fut encore seul à dominer de très haut, avec ses deux étages, et son toit élevé, couronné de fleurs de lys et de croissants, cet ensemble à l'aspect bizarre.

Il n'avait pas lui-même été complètement achevé sous Henri II, ni même sous Charles IX. La date de 1580, gravée entre la dernière fenêtre et la corniche du côté de la rue du Martroy, semblait indiquer que si l'on s'était hâté de terminer le pavillon du côté de la Grève, on n'avait pas mis autant d'empressement de l'autre côté, qui était moins en vue.

Ces quelques travaux faits à l'Hôtel de Ville, pendant la première moitié du règne de Henri III, rentraient dans le système qu'avaient alors adopté le roi et sa mère, pour se concilier, par tous les moyens, l'amitié du prévôt, des échevins, et se faire une popularité dans Paris. Il n'y avait pas de ville sur laquelle ils pussent mieux s'appuyer. C'était de tout le royaume la plus ardemment catholique, ainsi qu'on ne l'avait vu que trop à la Saint-Barthélemy où le corps de Ville tout entier avait été complice des massacres, et s'était indécemment prêté à cette pendaison du mannequin de Coligny, sur la place de Grève, qui avait ajouté l'outrage à l'assassinat.

La guerre avec les huguenots ayant recommencé, il fallait à tout prix avoir pour soi la ville anti-huguenote. Aussi, que d'avances à Messieurs de l'échevinage, tous d'ailleurs excellents Parisiens, — il était indispensable qu'on le fût pour avoir droit à ces fonctions, — et tous, aussi, catholiques fervents! A peine revenu de Pologne, pour succéder à son frère, Henri III s'était empressé d'aller à l'Hôtel de Ville, où on lui avait dressé un dais magnifique. Il venait remercier ces Messieurs de ce qu'ils lui avaient offert, lors de son départ, un char de vermeil doré, rempli de figures représentant ses vertus, et, ce qui lui était d'une réalité plus avenante, cinquante mille écus pour faire son voyage. En leur rendant grâce pour le passé, il venait aussi préparer l'avenir, dont nous avons vu qu'il abusa si imprudemment en prenant par la force ce qu'il ne pouvait plus obtenir de bon gré.

Longtemps les relations furent de très bonne amitié et presque familières entre le Louvre et l'Hôtel de Ville. La reine mère et le roi semblaient ne pas avoir de meilleur ami que le prévôt des marchands, Claude Marcel, qui, de simple orfèvre du pont au Change, était arrivé à se faire nommer plusieurs fois prévôt des marchands, tant sous ce règne que sous le précédent. La reine, qui avait tenu un de ses enfants au baptême, l'appelait mon « compère, » et lui, quand il la venait voir, se permettait chez elle de petites privautés. Tout passait de la part d'un prévôt si dévoué, et d'un si mortel ennemi des gens de la Réforme.

Quand il maria sa fille, en décembre 1577, le roi voulut être des noces, et M. de Guise, dont les visées étaient déjà de s'attirer tous ceux que flattait la cour, fit mieux encore : c'est chez lui, dans son hôtel, qu'il voulut qu'on dressât le souper du mariage. La lutte de popularité commençait. C'était à qui du roi ou du duc ferait le plus d'avances aux gens de l'Hôtel de Ville, pour être plus sûr de s'attacher Paris. En cette circonstance, le roi avait fait moins que le duc; peu de temps après, au carnaval, il se dédommagea.

Un des honneurs auxquels on tenait le plus à l'Hôtel de Ville, était celui de donner à souper au roi. Le jeudi gras 1578, il procura de lui-même au prévôt et aux échevins cette honorable et coûteuse satisfaction; il vint, avec une suite nombreuse, leur demander à souper.

C'est en ce temps de bonne amitié entre le roi et la Ville, que celle-ci obtint tout ce qu'on pouvait obtenir d'un règne aussi obéré par le luxe et par les guerres. Les prévôts, qui se succédaient de trois en trois ans, avaient tous à cœur l'achèvement de l'hôtel de la Grève; mais on n'y pouvait songer, — et le roi y songea moins que personne, — avec les finances désastreuses qu'il s'était faites, et qu'il avait causé à la Ville. Quelques faveurs habilement distribuées, quelques petits travaux de détail, et surtout d'embellissement, quelques ordonnances, à propos de la Grève

Fig. 22. — Façade de l'Hôtel de Ville, sous Louis XIII.

où, ne pouvant s'occuper de l'hôtel, il s'occupait du moins de ses approches, lui firent pardonner son impuissance à entreprendre davantage.

C'est alors, afin d'empêcher sans doute le prévôt des marchands de lui demander rien pour la maison de sa prévôté, qu'il lui accorda pour lui-même la grâce la plus insigne : par une ordonnance de 1577, il déclara que désormais lui et ses successeurs seraient, du fait même de leur fonction, anoblis.

C'est aussi pendant cette période de popularité du règne, que les derniers ornements du pavillon Saint-Jean, du côté du Martroy, dont nous parlions tout à l'heure, furent achevés, mais sans qu'on s'occupât du reste, même pour les réparations les plus nécessaires. De ce côté, par exemple, subsistait un dernier débris de la Maison aux Piliers, qui était un continuel péril pour les passants, et plus encore pour le concierge de la Ville, qui y logeait. On n'y toucha pas; aussi quelques années après, en 1589, fallut-il, non plus le réparer, mais le démolir.

Sous Charles IX, l'état de la place de Grève, qui n'était qu'un immense encombrement ou un cloaque, avait été un peu amélioré : aux endroits où le pavé manquait auparavant, c'est-à-dire presque partout, on s'en était montré moins avare. Une énorme baraque ou *loge* qui masquait l'entrée de l'Hôtel de Ville, avait été enlevée, et la place s'était vue, pour la première fois, un peu nettoyée de ses immondices.

Henri III en fit achever le déblaiement, par ordonnance

du 8 octobre 1576, avec injonction à tous de ne plus l'encombrer, ce que faisaient surtout les charrons, qui y déposaient leurs bois, « empeschans par ce moyen tout ledit lieu, » lisons-nous dans l'ordonnance, « même, ajoute-t-elle, les exécutions de justice, qui se font ordinairement pour l'exemple en la dite place ».

Ces précautions pour que les exécutions ne fussent pas gênées à la Grève, n'étaient pas inutiles alors. Il y eut, en effet, sous ce règne plus d'un supplice fameux. C'est par là même qu'il s'annonça. Deux gentilshommes, le Piémontais Coconas et le Provençal La Mole, attachés au dernier frère du roi, ce duc d'Alençon, devenu duc d'Anjou, dont nous avons vu la Ville être la marraine, lorsque au moment de sa confirmation il avait pris un prénom nouveau, s'étaient mis à la tête d'une conspiration qui devait, aussitôt que le roi Charles serait mort, prendre l'avance sur le retour du roi de Pologne, et faire leur maître roi de France à sa place. Ils furent pris, avant même que la succession, dont leur complot voulait disposer, fût ouverte. Charles IX mourut le 30 mai ; or, un mois juste auparavant, Coconas et La Mole, dûment convaincus, avaient été menés en Grève « où, dit l'Estoile, ils eurent la teste tranchée, le dernier avril ».

Il s'était agi, cette fois, d'une conspiration en faveur du duc d'Anjou. Une autre, mais contre lui, amena, huit ans après, à la Grève, un nouveau supplicié, dont l'exécution ne fit pas moins de bruit. C'était Nicolas de Salcède, sieur d'Auvillars. Étant en Flandre, où le prince se trouvait aussi, il s'était entendu avec des agents des Guise et de l'Espagne, pour tâcher de le faire disparaître, et pour rendre, par cette suppression du dernier frère du roi, et son successeur désigné, puisqu'il n'avait pas d'enfant, le chemin du trône plus librement ouvert aux prétentions de l'Espagne ou à celles des Guise.

Le duc d'Anjou, qui sut l'affaire à temps, fit arrêter Salcède et commencer son procès. Salcède rejeta le crime sur

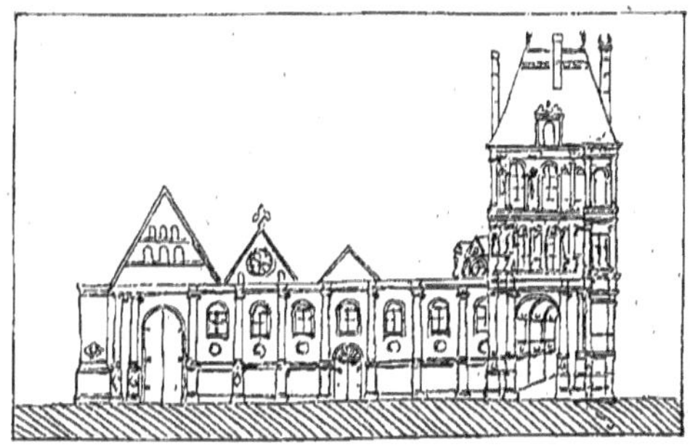

Fig. 23. — Hôtel de Ville en 1583; d'après un dessin de Jacques Cellier.

MM. de Guise et demanda, pour être confronté avec eux, qu'on le conduisît à Paris. Il n'y trouva que des juges plus sévères et un affreux supplice. Le 26 octobre 1582, il fut tiré à quatre chevaux sur la place de Grève, et chaque morceau de son corps, coupé en quatre, fut pendu à l'une des principales portes de Paris.

Le roi avait eu fort à cœur cette affaire, dans laquelle, ainsi qu'il était résulté des aveux de Salcède, MM. de Guise se trouvaient en effet engagés fort avant. Il avait donc voulu que justice en fût faite d'une façon terrible, comme nous l'avons vu; et, qui plus est, devant lui : « Le roi et les reines, dit l'Estoile, assistèrent à l'exécution, d'une chambre de l'Hostel de Ville. »

Salcède au dernier moment rétracta, dit-on, ses aveux, mais le roi ne continua pas moins à les tenir pour vrais, « et beaucoup d'autres aussi les ont crus, dit l'Estoile, et les croyent encore vu les tragédies qui se sont faites depuis par les accusés. »

Ces tragédies ne devaient plus guère tarder. Paris se déclara pour Guise, qui en avait dressé le plan, qui en menait l'action, et pour qui il sembla d'abord que devait en être le dénouement, la déchéance du roi.

Fatigués des exactions royales, dont nous avons parlé à la fin du chapitre précédent; exaspérés de ce qui en résultait pour la Ville, réduite à la banqueroute, ainsi que nous l'avons vu, les chefs des *seize* quartiers, que les idées de la Ligue avaient, d'ailleurs, complètement gâgnés, prirent avec passion parti contre la cour.

C'est aux milices bourgeoises, qui étaient à la disposition de ces *quarteniers*, que revient la plus grande part de la journée des *Barricades* et de ses suites : la défaite des troupes royales dans Paris, le départ précipité du roi, et le triomphe de Guise.

Le prévôt des marchands, M. de Pereuse, qui était resté fidèle au roi jusqu'à la fin, et dont le premier mouvement avait été de faire arrêter le grand rebelle, fut arrêté luimême aussitôt que celui-ci fut le maître. La terrible journée du 12 mai 1588 n'était pas achevée qu'il était déjà à la Bastille.

Cinq jours après, on lui nomma un successeur, non pas, comme à l'ordinaire, par scrutin secret, M. de Guise craignait trop que le nouvel élu ne fût pas de la Ligue, mais par vote public, et à haute voix.

Un de ses chambellans, Claude de Marchaulmont, fut choisi avec l'unanimité qui ne manque jamais d'être l'expression sans courage de ces sortes de vote. Il ne fut pourtant pas prévôt des marchands. L'Estoile dit « qu'il ne voulut jamais accepter, » ce qui est faux. On sut, après l'avoir nommé, que ce premier magistrat de Paris n'était pas Parisien, et, de ce fait, l'élection fut irrévocablement annulée.

On en fit une nouvelle, trois mois plus tard, le 20 août, sous la pression directe du duc de Guise, qui venait d'être fait lieutenant général du royaume; mais qui, craignant encore qu'un des siens ne fût pas élu, voulut assister avec son fils à l'élection. Le maître des comptes, La Chapelle Marteau, un de ceux qui lui étaient le plus dévoués, fut nommé, et dès lors, l'Hôtel de Ville fut à lui, comme Paris l'était déjà.

C'était tenir toute la France; les États qui bientôt se réunirent à Blois, n'avaient plus qu'à la lui donner. Henri III le comprit, voulut tout reprendre par un crime, l'assassinat du duc et de son frère; mais il ne reprit rien.

Paris, cette ville des choses extrêmes, qui s'était passionnée pour Guise lorsqu'il vivait, s'affola de lui quand il fut mort. C'est alors que fut réellement vrai le mot de Balzac : « Une telle passion allait bien près de l'idolâtrie. »

Quand on fit à Notre-Dame un service solennel pour la mémoire du duc, la Ville en paya les frais, et tous ses magistrats y assistèrent au premier rang. Quand la duchesse accoucha d'un fils posthume, six semaines après le meurtre, Paris représenté par son prévôt des marchands, ne voulut, pour le nouveau-né, d'autre parrain que lui-même. Il fut baptisé à Saint-Jean en Grève, avec la duchesse d'Aumale pour marraine ; on lui donna les noms d'Alexandre-Paris, et il y eut à la suite du baptême une magnifique collation à l'Hôtel de Ville.

Le duc de Mayenne, qui, après la mort du duc de Guise, son frère, avait pris le titre de lieutenant général du royaume, et était devenu le chef de la Ligue, fut d'abord le vrai roi de Paris ; mais peu à peu, surtout lorsqu'on eut vu son impuissance à lutter contre Henri de Navarre, et à délivrer Paris du blocus dans lequel celui-ci l'enserrait et l'épuisait par la famine, il perdit singulièrement de son crédit. Les *Seize*, qui continuaient d'être les grands meneurs dans la Ville, dont, nous l'avons dit, chacun d'eux dirigeait un quartier, tournèrent à des idées qui paraîtront bien étranges pour le temps : aux idées de république !

Quand Mayenne alla rejoindre à Corbeil le duc de Parme, dont la venue avec une forte armée avait enfin dégagé Paris, ces idées dominaient complètement dans les conseils de l'Hôtel de Ville, à tel point que les deux princes, ayant su que quelques-uns des *Seize* devaient les venir voir au nom des autres, et leur tenir un langage animé de cet esprit, refusèrent de les recevoir : « Les députez, dit

Félibien, prétendoient saluer le duc de Parme comme des ambassadeurs envoyez de quelque république ou ville anséatique. »

Malgré l'avertissement qui se trouvait dans ce refus de les entendre, les *Seize*, s'abandonnèrent de plus en plus aux tendances de république et de commune. Le prévôt des marchands, Boucher d'Orsay, qui avait succédé à La Chapelle Marteau, ce qui faisait dire : « Si Marteau assomme Paris, Boucher l'écorchera, » fut d'abord pour ces idées, dont son frère, le fameux curé ligueur de Saint-Benoît, s'était fait le plus fervent apôtre. Aussi est-il assez malmené dans la *Satire Ménippée*, où le passage suivant s'adresse, entre autres, directement à lui : « Nostre Hostel de Ville que j'ay veu estre l'assuré refuge ou secours des roys en leurs urgentes affaires, est à la Boucherie. »

Il dut à cette complaisance de ne pas être inquiété par les *Seize*, comme le furent les avocats Desprez et Langlois, qui étaient échevins pendant qu'il était prévôt, et qui, sur un simple soupçon d'opposition furent dépossédés de leurs fonctions.

Quand Mayenne revint et s'imposa de nouveau, Boucher d'Orsay changea un peu d'allure. Son *penchant* le portant toujours vers le plus fort, il *pencha* alors du côté de Mayenne. Après l'assassinat du président Brisson et des conseillers Jean Tardif et Claude Larcher, dont les *Seize*, non contents d'avoir ordonné le meurtre, avaient eu l'audace de faire pendre les cadavres aux trois potences de la Grève, il fut des plus actifs pour la recherche des quatre as-

sassins. On lui dut l'arrestation de Louchard, d'Ameline et
de ses deux complices. Mayenne qui, aussitôt qu'ils furent
pris, les fit pendre tous les quatre, dans la salle basse du
Louvre, par le bourreau de Paris, Jean Rozeau, n'oublia
pas la part que le prévôt des marchands avait eue dans cet
acte de justice; mais ce fut malheureusement par un acte
illégal qu'il l'en récompensa. S'étant en cette circonstance
assuré de son zèle, et certain qu'il aurait encore à y recourir, il le maintint dans ses fonctions de prévôt des
marchands au delà du terme où il aurait dû les quitter.
Les auteurs de la *Ménippée*, toujours au guet, ne manquèrent pas de faire reproche au lieutenant général du
royaume de cette mesure arbitraire, et pour que le reproche
fût plus direct et plus sanglant, c'est par un ancien prévôt
des marchands, Claude d'Aubray, qui avait été en exercice
de 1578 à 1579, qu'ils le lui firent adresser : « Je suis vieil,
lui font-ils dire dans la *harangue*, qui est une des merveilles d'esprit de cette merveilleuse satire, je suis vieil et
ay veu des affaires du monde autant qu'un autre, voire j'ay
par la grâce de Dieu, et de mes amis, esté eschevin et prévost des marchands en cette ville, du temps qu'on y procé-
doit par libre élection, et qu'on ne forçoit n'y violentoit
personne pour les voix et suffrages, comme vous avez fait,
monsieur le lieutenant, depuis n'aguères, ayant voulu faire
continuer monsieur Boucher à vostre dévotion. »

Le prévôt était de ceux qu'on appelait alors « les politiques, » c'est-à-dire de ces gens, qui suivent toujours le
courant des choses, et ne font jamais rien pour le remon-

ter. Nous l'avons vu partisan des *Seize,* lorsque l'absence
du duc ne mettait aucun obstacle à leur toute puissance,
nous le voyons, maintenant que Mayenne leur a repris le
pouvoir, se donner tout à lui, et nous allons le voir bientôt un des plus actifs à presser l'avènement d'Henri IV, qui
sera la ruine définitive des *Seize* et de Mayenne.

Boucher n'était plus prévôt, quand ce grand fait s'ac-
complit, mais, de l'aveu même de Mayenne, qui le sut trop
tard, il y contribua, autant au moins que Jehan Lhuilier,
qui lui avait succédé dans la prévôté.

Un autre magistrat de l'Hôtel de Ville, Brogard, qui y
faisait fonction de procureur du roi, était aussi des plus ar-
dents pour Henri de Navarre, à tel point que les *Seize* le dé-
noncèrent au parlement, avec certitude qu'il serait condamné à mort. Le président Brisson, à qui fut déférée
l'affaire, le renvoya absous, par un arrêt qu'il paya de la
vie ; ce fut une des causes de son assassinat, dont nous
avons parlé. Brogard revint à l'Hôtel de Ville, et mieux
que jamais y travailla pour le Béarnais, de concert avec
l'ancien et le nouveau prévôt et avec l'échevin Martin Langlois, que nous avons vu déposer par les *Seize,* mais que
Mayenne avait dû rétablir dans ses fonctions, quoiqu'il fût
certain qu'il n'était pas de ses amis. C'est à lui, tant on savait dans la Ville où allaient ses préférences, que s'adres-
sèrent le 15 janvier 1594, un certain nombre de bourgeois,
et de gens du peuple, qui, décidés à en finir, désiraient
avoir soit au Palais, soit à l'Hôtel de Ville, une salle, qui
leur servirait pour tenir conseil. Nous voulons, disaient-

ils, conférer sur les moyens qui permettraient de « pourvoir à la misère présente ». L'un d'eux ajouta même cette parole, que rapporte Félibien, et qui est le meilleur résumé de bien des révolutions : « Le peuple souffre, et l'on se moque de lui. » Langlois transmit la requête de ces braves gens à M. de Mayenne dont la réponse brutale fut qu'il leur serait interdit de se réunir plus de six à la fois.

Il eut beau faire, l'élan était pris, la restauration était faite. Le 22 mars, deux mois après, Henri IV entrait dans Paris, et le prévôt avec ses échevins pouvait en se présentant des premiers être sûr du meilleur accueil. Il avait réellement ouvert au roi les portes de la Ville, avant de lui en offrir les clefs.

Le lendemain de l'entrée, Messieurs de l'Hôtel de Ville, dont cette première cérémonie n'avait pas satisfait le zèle, vinrent au Louvre, en grande pompe, avec leurs robes miparties, et portant les présents de bienvenue : dragées, confitures, hypocras. Le roi, qui s'habillait, ne fit pour les recevoir ni frais de toilette, ni frais d'éloquence. Il vint, moitié vêtu, les remercier de ce qu'ils apportaient, et ne leur dit que ces mots, dont son gaillard sourire faisait tout le prix : « Hier, je reçus vos cœurs, aujourd'hui je ne reçois pas moins volontiers vos confitures. »

Cette démarche du prévôt et des échevins n'était pas tout à fait désintéressée. Paris, depuis trois ans, avait perdu « ses droits et ses privilèges ». Un édit de révocation formulé par Henri III au mois de mai 1589, l'en avait dépossédé, et Henri IV n'avait jusqu'à présent rien fait pour les

Fig. 24. — Feu de la Saint-Jean, 1615.

lui rendre. Les prévenances du prévôt n'étaient donc en réalité qu'un appel à ses bonnes grâces. Il ne les fit pas attendre.

Avant que la semaine fût écoulée, la veille même de « l'octave de la réduction de Paris, » qui fut célébrée le 29 mars par une procession générale, et par de grands feux de joie à la Grève et sur toutes les places et carrefours, le nouveau gouverneur de Paris, François d'O, assisté des maîtres des requêtes Miron et de Sêve, et du prévôt des marchands avec ses échevins, donna lecture dans la grand'salle de la maison de la Grève d'un édit sur la réduction de Paris, et, ce qui importait avant tout, sur ce qu'on appela « le rétablissement de l'Hôtel de Ville ».

Paris était encore une fois rendu à lui-même. Henri IV ne s'en tint pas là. Par une ordonnance du mois de septembre suivant, il dispensa la Ville et ses environs, jusqu'à sept lieues à la ronde, de tout logement des gens de guerre; et, mieux encore l'année d'après, il fit abandon à l'Hôtel de Ville de la moitié des amendes et confiscations qui lui étaient dues, comme roi, depuis la mort de son prédécesseur, c'est-à-dire depuis plus de six ans. Il n'y mit qu'une condition, c'est que l'argent de cette concession ne profiterait qu'à la Ville même, à ses réjouissances, et surtout à ses travaux de réparation ou d'embellissement.

Une des choses les plus chères aux Parisiens, qui en avaient été privés pendant tout le temps de la Ligue, le feu de la Saint-Jean, compta parmi les premières dépenses auxquelles on l'employa. En 1597, nous le voyons qui recommence à flamber de plus belle. Le maître des œuvres de charpenterie, Charles Marchand, que nous retrouvons bientôt dans les travaux de l'Hôtel de Ville, et qui, vers le même temps, reconstruisit tout près du pont au Change le pont de bois qu'on appela, à cause de lui, le *pont Marchand*, y fournit cette année-là et les trois suivantes, moyennant deux écus d'or au soleil, quatre arbres, qu'on débite en fagots pour le feu de joie; mais ce sont les moindres frais de la fête. En 1600 par exemple, la collation donnée après le feu, dans la grand'salle, au son des instruments du musicien Guillaume Lasnier et de ses compagnons, ne coûte pas moins de cinquante-quatre écus-soleil, payés au fameux cuisinier-traiteur, Martial Coiffier, pour différents plats à quatre écus chacun; et la dépense en « confitures de Gennes, dragées et maspains, » s'élève à plus du double.

Une affaire de bien plus haute importance que ces bagatelles intéressait les finances de la Ville, c'était l'achèvement de son Hôtel. On ne tarda pas à s'en occuper. La meilleure part de la concession des amendes et confiscations que le roi avait faites, en 1595, devait naturellement y être employée; mais on vit bientôt qu'elle ne suffirait pas, et, en 1600, par lettres patentes du 27 octobre, il y eut création d'un nouvel octroi, dont l'argent ne devait avoir d'autre destination que les constructions à terminer du Pont-Neuf et de l'Hôtel de Ville.

Chacun, d'ailleurs, y mit du sien; nous verrons tout à l'heure le prévôt des marchands, François Miron, non seulement donner tout ce qu'il peut de ses deniers pour cet achèvement de la maison commune, mais y sacrifier les profits de sa charge. Le clergé lui-même y voulut avoir part. En 1606, au plus fort des travaux, l'évêque d'Angers, qui le présidait en assemblée générale, lui fit donner « la somme de neuf mille livres tournois, pour employer auxdits basti- ments ». Il en vint lui-même, le 12 avril, apporter l'ordon- nance « à Messieurs de la Ville, dont ils l'ont, dit le *Re- gistre*, très humblement remercyé ».

Le travail put être d'autant plus activement pressé, qu'il n'y avait pas de discussions possibles entre les ouvriers et l'architecte. Pierre et Augustin Guillain, « maîtres des œuvres, » et Marin de la Vallée, « entrepreneur des ouvra- ges de maçonnerie, » ne travaillèrent, en effet, que sur les anciens plans laissés sous Henri II, par l'architecte, resté inconnu, qui avait succédé à Dominique de Cortone, et dont les dessins n'avaient eux-mêmes été qu'une modification plus ou moins complète de ceux-ci.

En maint endroit des nouveaux devis, il est parlé de ces « plandz et modelles estans en l'Hostel de la Ville, » qui sont quelquefois appelés aussi « l'antien desseing du basti- ment de la Ville, » ou bien encore « un grand desseing en parchemin, etc. » Nulle part, un architecte nouveau ne se trouve même indiqué dans les devis. L'inscription, sur la- quelle, lorsque, en 1628, les derniers travaux furent ache- vés, Marin de la Vallée se donna comme tel, « architectus parisinus, » manquait donc assez effrontément de vérité, comme Le Roux de Lincy l'a constaté avant nous.

Marin de la Vallée ne fut, dans tous ces travaux, que

simple maçon, s'accordant souvent assez mal avec les maîtres des œuvres, mais toujours assujetti à leurs ordres, si bien qu'au mois de juin 1619, Augustin Guillain put se croire en droit de l'assigner devant le Bureau de la Ville, pour la mauvaise exécution d'une partie du travail, et le forcer par sentence à la recommencer.

Marin de la Vallée eut toutefois un mérite, ce fut sa persistance à ne pas quitter cette entreprise pendant les vingt-trois ans qu'elle dura, depuis le mois de juillet 1605, époque où fut passé avec lui le premier marché, jusqu'au jour de l'année 1628, où fut enfin scellée l'inscription dont nous venons de parler.

Il y mit aussi du désintéressement. Les travaux se faisant au rabais, par adjudication, il se soumit aux tarifs les plus bas, pour chaque nouveau marché, afin qu'il ne fût pas dit qu'un autre que lui avait mis la main à ce grand ouvrage. Le devis du 19 juin 1609, pour la construction du pavillon du Saint-Esprit, qui fut la dernière partie construite, et dont six concurrents lui disputèrent l'adjudication, fait foi des sacrifices qu'il voulut bien subir ainsi, « pour le désir qu'il a, dit le devis, de servir la Ville, et continuer la besoigne qu'il a commencée ».

Les travaux dont on s'occupa d'abord furent ceux de la partie du milieu, la construction de la façade du « corps d'hôtel, » qui, sauf peut-être la porte aux initiales de François Ier, fut bâti de la base au faîte. On n'y procéda pas sans avoir décidé que la principale décoration en serait un monument à la gloire du roi.

Une statue équestre, qui se détacherait en ronde bosse sur une immense plaque de marbre noir, et serait placée à l'imposte de la porte centrale, pour remplir le cintre, fut commandée, par le Bureau de la Ville, à Pierre Biard, « architecte sculpteur du Roy; » et comme il fallait, pour un tel ouvrage, de la pierre du meilleur choix, le Bureau fit écrire, le 22 novembre 1605, aux échevins de la ville de Tonnerre, afin qu'ils eussent à en envoyer de la plus belle. « Il nous est nécessaire, disait la lettre, d'avoir plusieurs belles pierres de Tonnerre pour faire la figure et portraict du roy à cheval, et aultres ouvrages pour mectre à la veue d'un chacun, dans les niches dudit Hostel de Ville respondant sur la Grève. »

Les statues des niches, dont il n'est parlé alors que dans cette lettre, furent exécutées seulement à notre époque, mais on ne mit pas de retard pour celle du roi.

Biard s'engagea par un dernier traité, le 31 juillet 1606, à livrer son ouvrage « faict et parfaict au XV° septembre prochain, » après avoir pris soin de blanchir de blanc de plomb « la dicte figure du Roy et le cheval, pour oster la difformité de la liaison et séparation des pierres ».

Celles-ci ne furent pas ce qu'on avait espéré; les échevins de Tonnerre ayant, à ce qu'il paraît, répondu qu'il était impossible de faire l'envoi demandé.

Ce sont des pierres de *Torcy* ou *Trécy*, que Biard employa, de même que Marin de la Vallée, quelque temps après, quand, pour faire concorder la nouvelle façade avec le pavillon de l'arcade Saint-Jean, il y ajusta entre les baies

du rez-de-chaussée, en les reliant par des consoles renver-
sées aux niches du premier étage, des colonnes composites,
semblables à celles de cet ancien pavillon. Nous saurons
plus loin, par l'inscription de la grand'salle, à quelle date
exacte elles furent « apposées ».

Biard ne s'était pas seulement engagé à livrer, le 15 septembre 1606, bel et bien finie et posée, la statue équestre
du roi; il devait aussi, à la même date, avoir fait transporter de l'extérieur à l'intérieur, « du costé de la montée
(escalier), » comme pour servir de revers à cette statue,
l'inscription de 1533, dont elle prenait la place au-dessus
de la porte centrale. Il avait, de plus, été convenu que cette
inscription serait mise là, dans un cadre de pierre, soutenu
par deux figures de femmes assises, et surmonté du navire
symbolique. Il avait été dit, enfin, que dans ce même cadre, à la suite de l'inscription ancienne, une autre serait
gravée en souvenir de la reprise des travaux si longtemps
interrompus.

Le texte, que nous allons donner, en était curieux.
Comme pour mieux constater la continuation de l'œuvre,
il ne faisait lui-même que continuer celui qui relatait la
fondation, et qu'on a pu lire plus haut.

AT HENRI IV, FRANCORUM ET NAVARRORUM REGE INVICTISSIMO,
FRANCIS. MYRON PROPRÆTORE ET DECURIONUM PRÆFECTO, P.
SAINCTOT, J. DE LA HAYE, G. DE FLECELLE ET N. BELUT,
HOC OPUS SUPERIORUM TEMPORUM FORTUNA INTERMISSUM A SOLO
AD FASTIGIUM USQUE CONTEXTU ÆDIFICII REPETITUM EST. M. DC. VI.

Plus tard, ces inscriptions superposées de 1533 et de 1606 furent remplacées, dans le cadre aux deux statues assises, par celle qui fut faite en 1608, pour l'achèvement de la grand'salle, et dont il sera parlé plus loin. (Fig. 25.)

A la date de 1606, l'édifice était réellement repris, *re-*

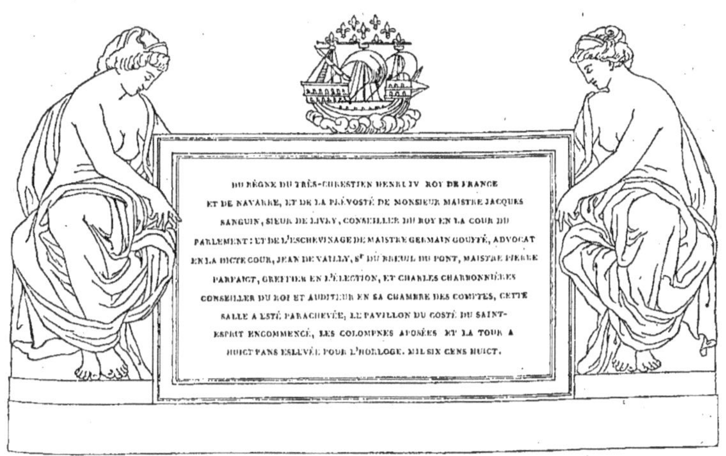

Fig. 25. — Inscription de 1608, placée derrière la statue de Henri IV, au-dessus de l'escalier du milieu de l'Hôtel de Ville.

petitum, depuis le sol, *a solo*, mais il s'en fallait qu'il fût encore arrivé jusqu'au faîte, *ad fastigium*.

Les travaux, toutefois, grâce à l'activité de Biard, qui semble avoir tenu ses engagements, et grâce au zèle et au désintéressement de Miron, dont ce ne fut pas d'ailleurs l'unique service rendu à la Ville, devaient être alors assez avancés.

C'est cette même année, en effet, que Miron sortit de charge; or, l'on voit par le remerciement qui lui fut adressé au nom de la Ville de Paris, pour ce qu'elle lui devait, que l'hôtel de la Grève, auquel il s'était surtout dévoué, avait à ce moment sa façade centrale presque terminée.

Le perron donnait, avec ses six degrés, élégamment accès à la porte centrale; la statue du roi était en place; l'inscription qui servait de revers était posée dans son cadre surmonté du navire, et, à l'intérieur on pouvait admirer déjà quelques-uns de ces « clairs escaliers, » dont s'émerveilla André Duchesne.

La grand'salle neuve, dont les cinq fenêtres s'ouvraient au milieu du premier étage de la nouvelle façade, et que nous avons connue jusqu'à l'incendie de l'Hôtel de Ville sous le nom de *salle du Trône*, était presque entièrement construite à la fin de 1606. Il n'y manquait plus que le couronnement : la charpente du faîte, avec les lucarnes et les balustrades en avant au-dessus de la corniche; l'horloge, surmontant la fenêtre du milieu, et le lanternon, qui devait dominer le tout, et recevoir les cloches.

Ces travaux furent adjugés dans les premiers mois de 1607, mais n'avancèrent que bien lentement. Charles Marchand, le maître des œuvres de charpenterie, qui s'était chargé de la couverture de la salle, y mettait une lenteur désespérante. Il fallut le faire travailler par « signification, » au mois d'août 1607, et par contrainte six mois après, l'ouvrage s'étant encore ralenti. Le prévôt et les

échevins le pressaient parce qu'eux-mêmes (le procès ver-
bal d'une séance du Bureau, le 21 mars 1602, le dit
formellement), ils étaient chaque jour pressés par le roi.
Henri IV semblait deviner que si l'on n'allait pas plus vite,
il ne verrait pas la fin de tout cela. Il ne la vit pas en
effet.

Quand le couteau de Ravaillac le frappa, le 14 mai 1610,
rien n'était achevé. L'Hôtel de Ville, qu'il avait si vivement
désiré voir couronné de son beffroi, n'avait pas encore de
cloches lorsqu'on sonna le glas de sa mort.

Lintlaër, à qui l'on devait aussi le carillon de la Sama-
ritaine, ne posa qu'en 1613, au plus tôt, l'horloge qui mettait
en mouvement la forte cloche haute de cinq pieds et d'un
diamètre égal, commandée depuis quatre ans au fondeur
Antoine Lemoyne.

Elle sonnait un ton plus bas que celle du Palais, afin qu'on
les distinguât bien l'une de l'autre, et c'est elle qui, à la
naissance des dauphins, annonçait, à toute volée, la grande
nouvelle.

Elle se faisait entendre alors sans interruption pendant trois jours et trois nuits consécutifs. Son poids,
qui était énorme, ne tarda pas à rendre absolument nécessaires de nouvelles charpentes dans le comble de la
grand'salle.

Celle-ci cependant s'achevait. Le 27 mars de cette même
année 1613, les sculpteurs David de Villiers, et Pierre Biard,
celui qui avait fait la statue en ronde bosse de la façade,
recevaient commande pour la construction « d'un grand

manteau de chemynée dans la grand'salle, » avec de longs détails pour les dessins à suivre dans les ornements. Ils les suivirent ; la cheminée construite et ornée par eux, qui se trouvait à droite dans *la salle du Trône*, du côté du pavillon du Saint-Esprit, conserva, jusqu'à l'incendie de 1871, la disposition et la décoration indiquées dans « le devis des ouvrages, » notamment les deux Termes, l'un à tête de faune, l'autre à tête de femme, qui servaient de piliers ; et, au-dessus de la tablette, les deux statues de grandeur naturelle, assises et accoudées, représentant un fleuve, la Seine, et une rivière, la Marne ; cette dernière était sans contredit ce que Biard avait fait de mieux, l'œuvre où vraiment il prouvait qu'il avait été, ce qu'il se vantait d'être, un élève de Michel-Ange.

Quant aux peintures et dorures, commandées au « maître peintre » Anthoine Bournat, et qu'il ne dut pas ménager si l'on s'en rapporte au devis, car il lui fallut dorer même « les linges et draperies, pendant sur le devant des Termes » ; rien n'en était resté.

Cette cheminée achevée, on s'aperçut qu'elle ne suffisait pas pour une salle si grande. Il en fut donc commandé une autre, qui devait lui faire face. Le sculpteur Thomas Boudin en fut chargé, et se mit à l'œuvre au mois d'octobre 1617. C'est, ainsi que l'expliquait le devis, « contre le mur de l'ancien pavillon, » c'est-à-dire du côté de l'arcade Saint-Jean, qu'elle fut construite. Comme l'autre, elle survécut jusqu'à nos jours avec une partie de sa première ornementation : les six Termes à tête de Satyre ou de

femme qui servaient de montant, et les deux déesses,
Minerve et Junon, accoudées sur la tablette. (Fig. 26.)

Au-dessus de chacune de ces cheminées était un large

Fig. 26. — Cheminée de la salle du Trône, côté de la Seine, sculptée en 1617
par Thomas Boudin, telle qu'elle était en 1871.

attique, avec cadre au milieu. François Porbus peignit
pour l'une des deux, sans que nous puissions dire laquelle,
un tableau qui représentait Louis XIII et sa mère, recevant
le serment du prévôt et des échevins. « Tout y est animé,
vivant, dit Sauval, qui put voir encore cette belle pein-

ture; les têtes en sont peintes avec une facilité incroyable, ou plutôt inimitable. »

Pour le cadre de l'autre cheminée, Porbus avait fait un second tableau, dont le sujet ne nous est pas connu, mais où figuraient aussi beaucoup de personnages. Suivant Sauval, il ne le cédait en rien au premier. « D'autres portraits peints en concurrence, » qu'on voyait à l'entour de la même salle, représentant Messieurs de la Ville, qui ne manquaient jamais de se faire peindre tous en un même tableau, à leur sortie de charge, ne paraissaient auprès de ces deux Porbus, dit-il, « que des peintures de village ou du Pont-Notre-Dame ».

C'est lorsque les cheminées furent achevées avec les tableaux de Porbus dans leurs cadres, qu'on put vraiment dire que la grand'salle était terminée. Depuis longtemps elle passait pour l'être; une inscription même qu'on y avait placée dès 1608, en belle place, sur marbre noir, vous l'affirmait. On avait sans doute voulu, car c'était l'époque où il pressait le plus les travaux, faire croire à Henri IV qu'ils avançaient, puisque l'un des plus importants était fini.

Comme cette inscription, qui fut posée, suivant l'Estoile, au mois d'août 1608, est curieuse pour l'état des travaux à ce moment-là, nous allons la reproduire, malgré son petit mensonge pour le point principal.

Du règne du très chrestien Henri iv roy de France et de Navarre, et de la prévosté de monsieur maistre Jacques Sanguin, sieur de Livry, conseiller du roy en la cour du

PARLEMENT, ET DE L'ESCHEVINAGE DE MAISTRE GERMAIN GOUFFÉ, ADVOCAT EN LA DICTE COUR, JEAN DE VAILLY, SIEUR DU BREUIL DU PONT, MAISTRE PIERRE PARFAICT, GREFFIER EN L'ÉLECTION, ET CHARLES CHARBONNIÈRES, CONSEILLER DU ROY ET AUDITEUR EN SA CHAMBRE DES COMPTES, CETTE SALLE A ESTÉ PARACHEVÉE, LE PAVILLON DU COSTÉ DU SAINT-ESPRIT ENCOMMENCÉ, LES COLOMPNES APOSÉES, ET LA TOUR A HUICT PANS ESLEVÉE POUR L'HORLOGE. MIL SIX CENS HUICT.

Ce pavillon de l'hôpital du Saint-Esprit, dont parle l'inscription, et qui, dès l'origine, comme nous l'avons dit, figurait dans le plan, avait en effet, après soixante-quinze ans de retard, été enfin sérieusement commencé, en cette année 1608. La construction, qui comprenait, non seulement la façade sur la Grève, mais un corps de logis sur la cour, pareil aux trois autres bâtis par Cortone, et destiné à isoler complètement l'Hôtel de Ville de l'église de cet hôpital, ne dura pas moins de vingt ans.

Pierre de La Vallée, qui jamais n'avait mis tant de lenteur que dans cette dernière partie du travail, à tel point que le Bureau de la Ville dut, après assignation, le condamner par arrêt formel à la finir, ne la livra que dans le cours de 1628.

C'est par les trois lucarnes, semblables à celle de Cortone, mais dont l'exécution plus lourde indiquait trop qu'elles n'avaient pas été construites comme elles au meilleur temps, et dans la pleine fleur de la Renaissance, qu'il termina son œuvre.

On regrettait qu'il n'eût pas mis la date au fronton de

l'une des trois, comme avait fait Cortone sur deux des siennes. Par ces chiffres de 1540 d'une part, et de 1628 de l'autre, il eût été curieux que cette élégante cour de l'Hôtel de Ville nous apprît les deux dates extrêmes de la construction si longue et si lente de tout l'édifice.

La dernière date s'y trouvait toutefois, mais pas assez en vue comme l'autre, pour qu'on pût faire entre elles l'instructif rapprochement. Marin de la Vallée l'avait mise à la fin de l'inscription, en latin peu sincère, où de simple maçon il se faisait architecte, et se vantait d'avoir terminé heureusement, *feliciter*, cet énorme ensemble de bâtiments, *hanc ædificiorum molem*. Or, nous avons vu par quelles contraintes il avait fallu obtenir de lui cette heureuse fin.

Il semble au reste avoir eu conscience des mensonges de son inscription. Comme s'il eût craint qu'on ne la lui fît effacer, s'il la faisait trop voir, il en dissimula les six ou sept lignes dans un coin de clef de voûte, à l'angle où le portique du Saint-Esprit, par lequel en effet il avait tout terminé, venait se rattacher à celui du milieu, du côté de la place.

Depuis vingt-deux ans que ces travaux, dont nous voyons la fin, ont été commencés, l'Hôtel de Ville n'a guère eu d'autre histoire que celle de sa construction. Il n'en est pas de même pour la Grève. Nous sommes sous Louis XIII, et ce règne, on le sait, à partir surtout du moment où Richelieu en fut le ministre, peut se suivre à la trace des supplices.

Il commença par le plus effroyable, mais pourtant le plus juste, l'exécution de Ravaillac, le 27 mai 1610, treize jours après le meurtre de Henri IV. (Fig. 27.)

C'était le premier assassin de roi dont la Grève vit le supplice. Montgommery, en effet, que Catherine de Médicis y avait fait décapiter, en sa présence, le 26 juin 1574,

Fig. 27. — Exécution de Ravaillac, le 27 mai 1610, d'après une estampe du temps (collection Hennin).

n'avait été, quoi qu'elle voulût prétendre pour justifier son acharnement contre lui, qu'un régicide involontaire; et c'est en réalité pour crime de trahison que le parlement l'avait condamné, et non pour le fatal coup de lance dont, quinze ans auparavant, il avait, sans le vouloir, frappé Henri II au tournoi de la rue Saint-Antoine.

Son supplice, d'ailleurs, n'avait été que celui d'un coupable ordinaire, tandis que le supplice de Ravaillac fut vraiment celui des régicides, c'est-à-dire le plus épouvantable de tous. Le bourreau lui trancha la main d'un coup de hache, et la jeta au feu avec le couteau meurtrier; il le tenailla aux mamelles, aux bras, aux jambes et versa dans les plaies ouvertes de l'huile bouillante et du plomb fondu. Ensuite il fut démembré par quatre forts chevaux, qui ne tirèrent pas moins d'une heure entière. Ils ne démembrèrent qu'un cadavre. « Il avait expiré, dit l'Estoile, à la deuxième ou troisième *tirade*. » Quand le bourreau dut jeter les membres dans le bûcher, pour que les cendres, suivant la sentence, en fussent livrées au vent, la foule entière se précipita pour les lui disputer : « Mais, dit le même chroniqueur, le peuple se ruant impétueusement dessus, n'y eut fils de bonne mère qui n'en voulût avoir sa pièce, jusqu'aux enfants, qui en firent feu au coin des rues. »

La maréchale d'Ancre, Leonora Galigaï, eut moins à souffrir. Le bourreau lui fut plus clément que ses juges. Ils l'avaient condamnée pour crime de magie, « n'en trouvant pas d'autre, » dit M. de Monglat, et pour satisfaire ainsi la haine du peuple. Mais ce peuple, qui s'était acharné sur le cadavre du mari, ne demandait pas plus, et ne voulait pas, surtout, le supplice de la femme. Quand il vit cette malheureuse dans le funèbre tombereau, qui la portait de la Conciergerie à la Grève, se répétant comme à l'heure où elle avait appris sa condamnation : « Oîmé poveretta ! » ou disant, avec un étonnement douloureux, les yeux doucement fixés sur la foule : « Que de monde pour voir une pauvre affligée! » il se sentit pris d'une compassion qui gagna même le bourreau. Lorsqu'elle fut à genoux sur l'échafaud, n'ayant pas encore les yeux bandés, il lui fit sauter la tête d'un seul coup sans qu'elle s'y attendît.

C'était la plus grande grâce qu'il pût lui faire.

Dix ans après, le 22 juin 1627, le spectacle fut plus terrible. C'est Richelieu, cette fois, qui, voulant un grand exemple pour arrêter la folie des duels, avait demandé et obtenu, sans regarder ni au rang des coupables ni aux services qu'ils avaient pu rendre, une condamnation sans pitié. Un Montmorency, le comte de Bouteville, et son cousin, le comte Des Chapelles, qui lui avait servi de second, montaient à l'échafaud pour expier l'audace de cet insolent combat de trois contre trois, livré, malgré l'édit, à la place Royale, en plein jour, le 10 mai précédent.

Des Chapelles avait tué Bussy d'Amboise, un des tenants de Beuvron, adversaire de Bouteville, et sur les cinq survivants, il était le seul avec celui-ci, qu'on avait pu prendre. Ils payèrent pour les autres, avec un courage égal, plus gai toutefois chez Des Chapelles que chez Bouteville.

Celui-ci ne voulut pas qu'on lui bandât les yeux, disant que la mort et lui s'étaient déjà vus en face. Il fut frappé le premier, et Des Chapelles, entendant le coup, ne dit que ces mots : « Prions pour lui! »

Il fut bientôt frappé à son tour, après avoir pieusement baisé la main encore chaude de son ami décapité.

Il y avait eu là un acte de justice nécessaire, à cause de la violation de la loi, et du sanglant abus qu'un si redoutable exemple pouvait aider à détruire.

L'exécution du maréchal de Marillac, le 10 mai 1632, n'eut pas pour elle la même raison d'État. Quoique Richelieu eût tenté pour trouver un véritable crime au maréchal, qu'il accusait d'exaction et de péculat, on fut partout convaincu, lorsqu'il l'eut fait condamner, par une commission siégeant chez lui, dans sa maison de Ruel, qu'il n'avait poursuivi là qu'une vengeance personnelle, et qu'en Marillac c'est un des conseillers de la reine mère, un de ceux dont les avis lui avaient, il est vrai, été le moins favorables à lui-même, qu'il voulait frapper à tout prix.

Depuis celle du connétable de Saint-Pol, il n'était pas tombé de tête plus illustre à la Grève.

Ces exécutions à la Grève n'y empêchaient pas les réjouissances ordinaires. Le feu de la Saint-Jean n'y flambait pas moins chaque année, à son jour, le 23 juin, lors même qu'il y avait eu un supplice la veille, ainsi qu'il arriva pour celui de Bouteville et de Des Chapelles. Leur tête était tombée le 22 juin; le lendemain, à la même place, le peuple dansait autour du bûcher de la fête!

Cette année-là, toutefois, le roi n'y vint pas, quoiqu'il s'en donnât souvent l'amusement.

Si jamais, en effet, ministre ne fut plus que Richelieu prodigue d'illustres supplices à la Grève; jamais roi, en revanche, ne fut plus que Louis XIII avide des plaisirs qu'on trouvait sur cette place ou à l'Hôtel de Ville.

En 1615, il vient lui-même allumer le feu annuel, ayant la torche de cire blanche d'une main, un bouquet de roses de l'autre, et portant en bandoulière une écharpe d'œillets blancs et de giroflées. On lui donna, après le feu, à l'Hôtel de Ville une magnifique collation, où un navire de sucrerie et de confitures, et un rocher de construction pareille, d'où s'échappaient des jets d'eau et des oiseaux vivants, l'émerveillèrent si bien que le prévôt s'empressa de les faire porter au Louvre. En 1616 et en 1618, c'est la jeune reine qu'il envoya se régaler à sa place de la collation et du spectacle des artifices, qui ne lui agréèrent que médiocrement. Elle demanda même que, si elle revenait, on ne fît partir « les boîtes et l'artillerie, » que lorsqu'elle serait retournée au Louvre.

Elle revint, en effet, deux ans après, et, cette fois, avec le roi, ce qui obligea la Ville à une fort grande dépense qu'augmentèrent encore princes, princesses et gens de cour, par la façon dont ils se comportèrent avec la vaisselle en belle faïence étalée sur les tables et les buffets municipaux. Ils n'en firent qu'un immense débris, soit par jeu, soit en se précipitant sur la collation. Comme le roi prit à tout ce fracas un plaisir singulier, le prévôt et les échevins ne s'en plaignirent pas trop.

En 1624, sa visite à la Grève fut plus sérieuse. Il y vint poser, le 28 juin, la première pierre d'une fontaine, qui devait être alimentée par les eaux de Rungis, que le nouvel aqueduc d'Arcueil amenait depuis peu dans Paris. C'est vers le milieu de la place, entre le carrefour des rues Jean-de-l'Épine et de la Vannerie d'un côté, et la porte centrale de l'Hôtel-de-Ville, de l'autre, qu'on la construisit, mais sans beaucoup se hâter. Les ornements et figures n'en furent commandés que trois ans après, en mai et en juin 1627. Elle se composait d'une grande vasque, avec une nymphe au milieu, tenant des cornes d'abondance, d'où l'eau se répandait aux quatre coins. Elle ne parut bientôt pas d'un goût assez sévère, pour figurer sur une place où l'échafaud se dressait si souvent; onze ans après, en 1638, on la remplaçait par une autre d'un style plus simple et plus sérieux, qui rappelait celui de la fontaine de Birague, que nous avons vue jusqu'à ces dernières années, rue Saint-Antoine, vis-à-vis Saint-Paul.

Sur chacune de ses quatre faces se trouvait, « au-dessus de la portée d'homme, » une tête de lion en bronze, qui versait l'eau, et dominant le tout, en haut de la petite coupole, une figure d'ange aux ailes ployées aussi de bronze, et « d'une assez bonne main, » suivant Germain Brice. Sur la face qui regardait l'Hôtel de Ville, et la plus voisine de l'étape au vin, qui se tenait au centre de la place, on avait gravé un distique latin, tout à fait en rapport avec ce voisinage. Le sens en était que cette fontaine avait été placée là pour mettre un peu d'eau dans le vin du dieu Bacchus, qui trônait auprès, et empêcher qu'il ne portât les esprits à la violence, *ne violenta gerat*.

Un jour pourtant, la sobre fontaine dut elle-même se départir de son rôle modérateur. Le 16 février 1660, quand

on fit dans tout Paris de si grandes réjouissances pour la
paix des Pyrénées enfin conclue, il lui fallut servir du vin,
comme ses voisins de l'étape : « Dès les deux heures après
midi, écrit Félibien, le vin coulait en faveur du peuple
par les ouvertures de la fontaine qui était, pour lors, à la
place de Grève. » Par ces derniers mots de Félibien, dont
l'excellent livre parut en 1726, on voit que la fontaine
n'existait plus de son temps. En 1674 en effet, quand la
Grève subit un remaniement, dont nous dirons la cause,
on l'avait démolie, et, cette fois sans la remplacer. La figure de bronze qui la couronnait ne disparut pas. On en
surmonta une autre fontaine construite alors à la place
Maubert, et d'une forme pareille.

La Grève ainsi ne devait rien garder du règne de
Louis XIII, l'Hôtel de Ville non plus. Louis XIII y vint
souvent, mais sans que le moindre souvenir un peu durable pût l'y rappeler. Ses visites ne furent que de plaisir, comme celles dont nous avons déjà parlé, et celles
encore qu'il y fit le mardi gras de 1626, et l'année suivante
le même jour. Il était alors dans la fureur des ballets en
masques et à machines, et après s'en être amusé au Louvre,
il n'était pas fâché de s'en donner de nouveau le plaisir
devant ses bons bourgeois de Paris. C'est pour cela qu'avec
tout l'attirail dressé et machiné par Francine, il vint, deux
années de suite, à l'Hôtel de Ville pendant le carnaval.

On ne l'y vit plus après. Il n'y reparut même pas, en
1628, pour rendre au prévôt et aux échevins la politesse
qu'ils lui avaient faite, en venant solennellement le rece-

voir au faubourg Saint-Marcel, à son retour triomphant
du siège de la Rochelle. (Fig. 28.)

Richelieu, devenu de plus en plus maître, imposait au
règne un sérieux qui se conciliait mal avec les amuse-
ments que le roi s'était d'abord permis à l'Hôtel de Ville,
et certaines mesures de gouvernement fort peu d'accord
aussi avec la popularité qu'ils exigent. La plus terrible
frappa l'Hôtel de Ville même. Ses rentes constituées s'é-
levaient, en 1638, à onze millions. Le ministre, sous prétexte que les besoins de la guerre l'y forçaient, en fit saisir
au mois de mars de cette année-là tous les quartiers échus
dont l'argent des gabelles avait fourni les fonds. La ru-
meur fut grande, les plaintes fort vives. Il ne les entendit
que pour les réprimer par les rigueurs les plus sommaires.
Trois bourgeois, qui avaient parlé un peu trop haut, furent
mis à la Bastille, et comme au parlement on ne se montrait pas plus satisfait, il y procéda presque aussi rudement : « Le roy, écrit Guy Patin, le 7 avril, a fait commandement à messieurs les présidents Champrond et Ba-
raillon de se retirer en leurs maisons, comme aussi à
quatre conseillers, qui sont messieurs Tubeuf, Foucaut, de
Salo et Sevin, pour avoir parlé des rentes de l'Hôtel de Ville. »
On compara cette façon d'agir avec ce qu'avait fait
Henri IV, lorsqu'en 1605, décidé à réduire les rentes de
l'Hôtel de Ville, il y avait renoncé sur les instantes prières
et vives remontrances de François Miron, prévôt des marchands; et la comparaison fut cruelle pour la popularité
de Louis XIII et de son ministre.

Fig. 28. — Échevins de la Ville de Paris, complimentant Louis XIII à son retour de la Rochelle; gravure du temps, d'après A. Bosse.

Mazarin eut le tort grave, en circonstance pareille, de moins imiter Henri IV que Richelieu; aussi cette affaire des rentes réduites, qui revint de son temps, faillit-elle être une des complications de la Fronde. Le cardinal de Retz en avait bien compris l'importance. Il avait entrevu, avec un étonnant coup d'œil, d'après le plus ou moins de solidité de ces rentes de l'Hôtel de Ville, « patrimoine de ceux qui n'ont que médiocrement de bien, » le rôle que peut jouer le crédit public dans un État, surtout lorsqu'il a pour base et moyen d'action la majorité des petites fortunes : « Ce qui, dit-il, bien entendu et bien ménagé, pourroit être très avantageux au service du roi, parce que ce seroit un moyen sûr, — et d'autant plus efficace qu'il seroit imperceptible, — d'attacher à sa personne un nombre infini de fortunes médiocres, qui sont toujours les plus redoutables dans les révolutions. »

Mazarin vit ce qu'il en coûte à mécontenter ces médiocres fortunes. On ne fut réellement contre lui, à l'Hôtel de Ville, et dans la petite bourgeoisie, dont les intérêts y étaient représentés, que lorsque les rentiers, à qui, chaque année depuis le commencement du règne, on retenait un quartier et demi, furent certains qu'ils n'auraient pas satisfaction, et que l'argent des gabelles, destiné à fournir les fonds pour leurs arrérages, passerait encore dans les coffres du roi.

Le prévôt et les échevins ne s'étaient pas d'abord déclarés avec le parlement contre le ministre. La reine en s'éloignant avec son fils, le 13 septembre 1648, avait même cru pouvoir en toute confiance leur remettre la garde de la Ville. L'aigreur malheureusement les gagna, lorsque ayant été chargés de s'entremettre pour la paix, ils échouèrent; et lorsque l'affaire des rentes non payées, dont la Ville était en quelque sorte responsable, vint s'ajouter à ce premier mécontentement. Aussi, après quelques mois de calme, et au retour de la reine à Paris, suivi presque aussitôt d'un nouveau départ, quand les troubles recommencèrent, fut-on moins partisan de Mazarin à l'Hôtel de Ville, et plus disposé à y faire cause commune contre lui avec les Princes et le Parlement.

L'arrêt de celui-ci, rendu le 8 janvier 1649, qui frappait de proscription le ministre, ne rencontra de la part du prévôt et des échevins aucune résistance, et l'on put faire courir dans Paris, sans qu'ils y missent d'opposition, une mazarinade portant ce titre : *Contrat de mariage du Parlement avec la Ville.*

Quelque peu de défiance resta pourtant. Le Parlement fit surveiller l'Hôtel de Ville, où quatre conseillers, dont faisait partie le fameux Broussel, chef de la Fronde, vinrent même s'installer un jour sans crier gare en menaçant de prendre possession définitive, si Messieurs de l'échevinage n'agissaient pas comme on désirait les voir agir au Palais.

Les princes prirent aussi leurs sûretés. La duchesse de Longueville, sous prétexte de se donner à la Ville comme gage de leur honneur, et du serment qu'ils avaient juré pour sa défense, vint, le 11 janvier, demander au prévôt

et aux échevins qu'on la logeât avec sa fille dans l'Hôtel
de Ville même. « Si le prince, dit-elle, avait eu des gages
plus chers, il les eût donnés. » En réalité, c'était pour s'assurer de la Ville qu'on se confiait ainsi à elle, bien sûr
que tant que des otages de cette qualité seraient sous la
garde de la prévôté, celle-ci ne tenterait rien pour les
intérêts contraires. Le prévôt fit quelque résistance, disant
qu'il y avait « peu de logement à l'Hostel pour si hautes
personnes ». La duchesse insista : elle et sa fille, dit-elle,
« s'accommoderoient ainsi qu'il plairoit ». On céda et elles
furent conduites dans la vieille chambre du greffier, sur
la rue, du côté de Saint-Jean, « où elles firent apporter
des lits et quelques serges de l'hostel de Longueville ».
Ce qui ajoutait au prix de ce gage singulier et si peu attendu, c'est que la duchesse était alors dans un état de
grossesse fort avancé, et venait pour ainsi dire faire ses
couches à l'Hôtel de Ville. Elle y accoucha, en effet, d'un
fils, moins de trois semaines après, le 28 janvier, et, pour
cimenter l'union, si bien commencée par la confiance,
elle voulut que le prévôt, au nom de Paris, fût parrain de
son enfant, dont la duchesse de Bouillon, comme elle dé-
terminée frondeuse, serait la marraine. Le baptême eut
lieu à Saint-Jean en Grève, comme elle le désirait. Le
nouveau né, en souvenir de l'Hôtel de Ville, qui l'avait vu
naître, et qui lui fournissait son parrain, reçut, avec
le prénom de Charles, le nom de *Paris*.

Les choses, cependant, tendaient à s'arranger de nouveau entre le Parlement et la cour. Le 11 mars 1649, la

paix fut faite, après des négociations où le premier échevin, Gabriel Fournier, joua, comme représentant de tout
le corps de Ville, un rôle important dans le sens de la
conciliation.

Il avait été convenu que le petit roi serait sans retard,
ramené à Paris ; mais la reine mère se défiait trop pour
se hâter. La cour ne revint que le 20 août, et fit bien de
n'être pas plus empressée. Il y avait eu, même après la
paix conclue, quelques sursauts d'émeute qui ne laissaient
pas d'être inquiétants. Au mois de juin, les rentiers de
l'Hôtel de Ville s'étaient de nouveau remués ; leurs femmes, dont le ménage souffrait de ces rentes depuis si
longtemps peu ou mal payées, s'étaient portées en foule au
Palais, pour obtenir que le Parlement, devant lequel
les réclamations des plaignants avaient été portées, voulût
bien en finir : « Jusqu'à ce que le fait des rentes soit réglé,
avait écrit alors un des conseillers, M. d'Aligre, il y aura
toujours quelque prétexte de faire du bruit. »

Les libelles, qui continuaient à se multiplier, en cau-
saient aussi beaucoup, par la haine qu'ils entretenaient
contre la reine et le ministre, et par le mécontentement
que la punition des coupables, dès qu'ils étaient pris, sou-
levait chez le peuple. Presque toujours l'auteur, couvert
par l'anonyme, échappait, et l'imprimeur payait pour lui.
Le vieux Morlot, de la rue de la Bûcherie, à l'enseigne des
Vieilles-Étuves, très hardi frondeur, malgré ses soixante-
dix ans, avait imprimé, au mois de juillet 1649, la plus
sanglante de ces mazarinades, celle qui, sous le titre de *la*

Custode du lit de la Reine, devait le plus profondément blesser Anne d'Autriche et Mazarin. Le libelle fut saisi, et l'imprimeur, déféré à la juridiction impitoyable de la Tournelle, fut condamné à être pendu, pendant qu'on fustigerait au pied de la potence le garçon de sa boutique qui avait distribué les exemplaires.

Quand le peuple vit préparer le supplice et sut qui l'on allait exécuter, il commença à murmurer. Le patient put toutefois, de cinq à six heures du soir, être conduit du Palais à la Grève, sans qu'on inquiétât, autrement que par des cris et quelques pierres lancées, l'exempt et les douze archers à cheval qui escortaient la charrette, derrière laquelle marchait enchaîné le pauvre diable qui devait être fouetté au pied du gibet. Morlot se laissa saisir par le bourreau, mais, suivant Félibien, une fois qu'il fut sur l'échelle, d'où il dominait la foule, il se mit à crier qu'on le faisait mourir injustement, puisque son seul crime était d'avoir imprimé des vers contre Mazarin. Il n'y eut à ces mots qu'un immense cri, dans toute cette multitude : Sauve! sauve! Les pierres, d'abord timidement lancées, devinrent une grêle contre laquelle ne purent tenir les archers. Ils s'enfuirent, laissant leurs armes et abandonnant la charrette, qui fut jetée à l'eau, et dont le cheval fut pris. Le bourreau eut beaucoup de peine à faire comme eux; enfin il s'échappa, et les deux patients se trouvèrent libres. La potence renversée et l'échelle mise en morceaux allèrent rejoindre dans la rivière les débris de la charrette.

On voulut, de l'Hôtel de Ville, mettre un peu le holà dans ce tumulte; mais on s'en trouva fort mal : « Le prévôt des marchands, — c'était alors le président Le Feron d'Orville, — ayant voulu, dit une relation du temps, menacer les factieux, d'une fenêtre de l'Hôtel de Ville, ils lui jetèrent quantité de pierres, et rompirent toutes les vitres de la face de cet Hôtel qui regarde sur la place de Grève. »

Comme on comprit, à la Ville, que le parlement et la cour pourraient la rendre responsable de cette échauffourée, on y tint conseil, le lendemain, 21 juillet, et il fut décidé que le prévôt et les échevins iraient déclarer au palais, puis ensuite à Compiègne où se trouvaient la reine mère et son fils, qu'il n'y avait eu dans tout cela qu'une émotion populaire, tout à fait inattendue, un soulèvement de canaille soudainement ramassée, « de gens de néant, vagabonds sans nom, sans lieu et sans exercice ». Les députés des six corps, qui se rendirent aussi à Compiègne, joignirent leur déclaration à celle de la Ville, et la reine mère en fut, à ce qu'il paraît, satisfaite, car c'est le mois suivant qu'elle ramena enfin le roi à Paris.

Un nouveau mouvement des rentiers au mois de décembre, quand ils eurent appris que le parlement se mettait contre eux, et qu'une nouvelle suspension de payement résulterait même de ses décisions, faillit compromettre l'ordre qui se rétablissait. Il y eut autour de l'Hôtel de Ville, et dans l'Hôtel même, dont l'entrée était aisément forcée, des rassemblements de rentiers, d'où les partisans des troubles voulurent, mais inutilement, faire sortir une

Fig. 29. — Vue de la place de Grève sous Louis XIII.

émeute nouvelle. Un jour, quelqu'un tira sur Joly, un des syndics de cette affaire des rentes, et le marquis de la Boulaye tâcha que ce coup de pistolet devînt un signal de tumulte. Escorté de cinq ou six cavaliers, qui criaient comme lui, il parcourut au galop la Grève et les rues voisines en répétant que Mazarin trahissait, et qu'il fallait courir aux armes. Personne ne bougea.

A l'Hôtel de Ville surtout, on continua de se maintenir pour l'ordre, et par conséquent pour le roi, avec quelques réserves seulement contre le ministre, mais sans déclarations favorables aux Princes, par qui le désordre devait recommencer. On y paya cher cette tiédeur.

Quand les Princes furent arrêtés, le roi, comme témoignage de son bon accord avec Messieurs de la Ville, leur donna, par lettre, avis de cette grave mesure, en leur exposant ce qui l'y avait obligé; et il n'y eut de leur part aucune réclamation. Lorsque, deux ans après, Condé, qu'on n'avait remis en liberté que pour le rendre à la révolte, vint, pendant l'absence du roi, tenir à l'Hôtel de Ville une assemblée dont il espérait tirer, comme résultat, un vote de proscription contre Mazarin, mais qui n'aboutit à rien de décisif, le prévôt et les échevins, d'accord avec le maréchal de l'Hospital, gouverneur de Paris, furent, il ne l'ignora pas, pour beaucoup dans sa déconvenue. Il leur en garda d'autant plus rancune qu'une réunion nouvelle, annoncée pour le surlendemain et où il aurait pu prendre sa revanche, n'eut pas lieu, parce que le prévôt déclara qu'en vertu d'une lettre de cachet, qu'il venait de recevoir de la cour, aucune assemblée ne se tiendrait plus à l'Hôtel de Ville.

Il y en eut une encore pourtant, mais qui ne fit que combler la mesure du mécontentement des Princes, et qui amena la catastrophe. C'était le 4 juillet 1652, deux jours après cette terrible journée du faubourg Saint-Antoine, où Turenne les aurait forcés dans Paris, si Mademoiselle n'avait pas fait tirer contre lui le canon de la Bastille.

Paris, qui leur restait, pouvait leur être une grande force, mais à la condition de se donner à eux tout entier, ce dont ils doutaient par ce qu'ils savaient des dispositions de l'Hôtel de Ville. Ils y convoquèrent tout ce que le parlement, le clergé, l'université, la bourgeoisie, les métiers avaient de plus considérable, et l'assemblée ne compta pas ainsi moins de quatre cents personnes, ayant à leur tête le maréchal de l'Hospital, qui continuait à être gouverneur de Paris pour le roi. Les Princes y vinrent tous, Condé, Beaufort, etc., avec Gaston, chef du mouvement. La question de l'union de la Ville avec eux fut nettement posée, mais ne fut pas aussi franchement résolue. La réponse fut qu'on désirait avoir encore huit jours, avant de prendre une décision. Ils s'y attendaient et avaient pris des mesures en conséquence. Lorsqu'ils eurent bien vu que, cette fois encore, ils n'obtiendraient rien de définitif, ils sortirent, et du haut du perron, crièrent aux gens entassés sur la place, qu'il n'y avait dans l'Hôtel de Ville que des mazarins, qui n'avaient pas voulu signer l'union, et qu'il fallait sans remise aviser à les contraindre.

C'est ce qui fut exécuté et sans retard, la plus grande
partie de cette foule n'étant composée que de gens à eux,
laquais ou soldats déguisés, amassés là tout exprès pour
le coup de main, et presque tous armés. Des coups de
pistolet furent tirés contre les archers de garde, qui ren-
trèrent alors, et ripostèrent d'en haut avec leurs carabi-
nes. Les portes, très solidement fermées, ne pouvaient
être forcées. On courut aux bateaux, on y prit tout ce qu'on
put de paille et de bois, on l'entassa près de toutes les
issues, on y mit le feu, et quand la brèche de la grande
porte ainsi incendiée fut assez large, on s'y précipita.
Vingt-cinq ou trente des plus résolus, conduits par Blanchard, un des gens de M. le Prince, furent les premiers à
cet assaut. Le colonel des officiers de la Ville s'était barri-
cadé avec tout son monde en haut de la montée intérieure : il répondit à l'attaque par une vive mousquetade,
qui jeta par terre Blanchard et la plupart des siens; mais
ce ne fut qu'une résistance de quelques instants.

La foule avait pénétré par d'autres portes moins vaillamment défendues, et l'Hôtel de Ville fut bientôt envahi,
de tous côtés. Beaucoup, comme c'est l'ordinaire, commencèrent à gagner les caves « où, dit le *Registre,* on en
trouva deux noyés dans le vin. » D'autres coururent à la
prison, — depuis François Ier, Messieurs de la Ville, par
permission royale, en avaient une dans leur Hôtel, — et
tous ceux qui s'y trouvaient, étant mis en liberté, grossi-
rent encore le flot des assaillants.

Rien ne les arrêtait; quatre compagnies de garde bourgeoise, mandées par le prévôt pour tenir bon à toutes les avenues de la Grève, avaient non seulement, lâché pied dès le premier moment, mais s'étaient mises du côté du désordre, et tiraient avec les mutins dans les fenêtres de l'Hôtel. Le curé de Saint-Jean qui se trouvait en haut dans l'assemblée de la grand'salle, s'étant risqué à descendre pour parler au peuple sur le perron, était bientôt tombé, frappé à la tête d'un coup de bâton. Son vicaire, qui était accouru de l'église, portant le Saint-Sacrement, faillit avoir le même sort. Pour toute réponse à ses prières d'éteindre le feu, qui continuait à flamber aux portes et dans les salles basses, on menaça de l'y jeter, et, se voyant couché en joue, il dut s'enfuir.

Dans l'assemblée, la terreur était au comble. Quelques-uns parvinrent à s'échapper par l'hôpital du Saint-Esprit, mais dès que le peuple s'en aperçut, il l'envahit en foule, et ceux qui voulurent encore y passer furent volés de tout ce qu'ils portaient. Quelques-uns même, le président Ferrand, l'ancien échevin Yon, le maître des requêtes Legras, le colonel Miron de la garde bourgeoise, furent traînés jusque sur la place et massacrés. Le prévôt des marchands, Antoine Lefebvre, et le gouverneur de Paris, M. de l'Hospital, qui avaient le plus hautement résisté aux Princes, étaient surtout menacés. Ils purent cependant échapper, le prévôt avec l'aide de quelques gens du port, M. de l'Hospital, grâce à un huissier qui lui prêta son manteau, et à M. de Barentin, qui l'alla prendre dans une maison où il s'était d'abord caché, et le reconduisit à son hôtel de la rue du

Temple, en franchissant avec lui plus de cinquante barricades.

Ceux qui restaient dans la grand'salle, et c'était le plus grand nombre, parlementaient cependant par les fenêtres. Ils avaient fait arborer à celle du milieu un grand drap blanc en signe de paix, ou plutôt de capitulation; une trompette de monsieur le Prince s'avança alors, fit faire silence avec quelques sons de son clairon, et au nom de la foule demanda qu'on s'expliquât en haut.

Un billet fut jeté de la fenêtre, mais tout le monde s'était précipité pour le prendre, il fut déchiré avant d'être lu. Un second, qui suivit bientôt, ne put être lu davantage, et la fusillade reprit de plus belle. Toute conciliation paraissant impossible, le drap blanc cessa d'être agité, il fut mis en paquet et jeté dans la place. Le peuple s'imagina qu'on y avait mis de l'argent, et se précipita pour le prendre. Voyant qu'il n'y avait rien, il hurla qu'il fallait tout tuer. Un nouveau tas de fagots, pris sur les bateaux, fut placé près de ce qui restait de la grande porte pour achever de la brûler, et faire ainsi un plus large passage par lequel toute cette foule pourrait se ruer dans l'Hôtel de Ville. Un troisième billet fut alors jeté de la fenêtre, et put être lu. Il était signé du greffier de la Ville, ce malheureux Le Maire, qui, peu d'instants après, devait être lardé de coups de baïonnette dans son bureau où quelques pillards pensaient que se trouvait la caisse, et ne put sauver sa vie que grâce à une forte rançon.

Le billet qu'il avait signé n'avait que deux lignes, mais

qui en disaient assez : « *L'union de la Ville et du parle-ment avec messieurs les Princes, pour la destruction du cardinal Mazarin.* »

C'est tout ce qu'avait d'abord demandé la foule. Malheureusement, lorsqu'elle s'est aussi profondément lancée dans le désordre et grisée de l'émeute, rien ne la satisfait plus. La fusillade continua donc contre les fenêtres, et l'incendie plus activement alimenté aux portes menaça plus que jamais de gagner tout l'édifice.

Un quatrième billet, qui tomba alors dans la place, portant sur l'adresse le nom de Son Altesse Royale le duc d'Orléans, arriva heureusement en de bonnes mains. Il était de M. de Goulas, secrétaire des commandements de Gaston, resté dans l'Hôtel de Ville pour suivre de près l'émotion de l'assemblée, et voir quand la frayeur l'aurait enfin mise en disposition d'accorder ce qu'elle avait refusé d'abord. Il la trouvait sans doute au point d'intimidation désiré, et qui plus est, la peur le gagnait peut-être un peu lui-même. Voici donc ce que disait son billet, dont le texte n'a été retrouvé que tout récemment par M. Tamisey de Larroque, dans un recueil manuscrit de la Bibliothèque :

A Son Altesse Royale.

« *Monseigneur*,

« *L'Hostel de Ville est assiégé, on brûle la porte, et toutes les compagnies qui estoient à la garde ont faict leurs décharges dans les fenestres de la grand'salle. Tout*

*est perdu sans vostre secours que tous les honnestes gens
de la Ville réclament, et je vous assure qu'il n'y a pas
un moment de temps à perdre.*

« Je suis, avec tout le respect que je vous dois,

« Monseigneur,

« Votre très humble et très obéissant serviteur,

« GOULAS.

« De l'Hôtel de Ville, ce 4 juillet 1652. »

Ce billet porté aussitôt à Gaston le jeta dans un grand
trouble. Il n'aurait pas voulu que les choses fussent pous-
sées si loin. Il pria donc Condé, qui se trouvait près de
lui, de courir y mettre ordre. Condé refusa : « Je ne suis
pas, dit-il franchement, homme de sédition ; je ne m'y en-
tends pas et y suis fort poltron. » C'est à M. de Beaufort,
ajouta-t-il, connu et aimé du peuple, qu'il faut s'adresser.
La fille de Gaston, l'aventureuse Mademoiselle, offrit d'y
aller, et Condé alors voulut la suivre : mais on décida
qu'elle irait seule, en même temps qu'on préviendrait
M. de Beaufort. Gaston mit sa signature sur le billet de
Goulas, et le lui envoya.

Il attendait. De l'arrière-boutique d'un mercier de la rue
de la Vannerie, il guettait, lui aussi le moment où l'effroi
de l'assemblée la livrerait aux Princes terrifiée et consen-
tante, et exigerait, pour en finir, l'intervention de sa popularité. La lettre de Goulas, avec l'apostille de Gaston, le décida à entrer en scène. Il n'avait de sa cachette de la rue

de la Vannerie qu'un pas à faire pour être à l'Hôtel de Ville. Il y fut vers neuf heures, et son prestige, son autorité de « Roi des Halles, » qui ne s'imposèrent jamais aussi utilement, eurent bientôt rétabli un peu d'ordre.

« Le duc de Beaufort,... par son autorité, dit le *Registre*, dissipa la plus grande partie de cette canaille, et empescha que leur vollerye ne s'estendît plus loing. » Il était temps. C'était à l'argent des rentes qu'ils en voulaient tous; et encore un peu, ils l'eussent sans doute trouvé.

Ainsi que Gaston, et plus encore, car il en voyait de plus près le résultat, Beaufort s'effraya de ce qui s'était passé, et surtout de la rage déployée contre les officiers de la Ville. « Ce prince, dit encore le *Registre*, fut fort esbahy de veoir le pillage et la violence des choses en l'estat qu'elles estoyent, ne croyant pas, comme il s'en est éclaircy depuis à quelques familiers, que cette fureur populaire les deubt porter si avant contre leurs magistrats. »

Peu d'instants après lui était arrivée Mademoiselle, un peu moins intrépide qu'en partant : elle avait rencontré sur son chemin des gens qui portaient les cadavres de MM. Miron et Ferrand, massacrés sur la place, et on lui avait dit que des pierres avaient été lancées contre le Saint-Sacrement!

L'état d'apaisement, dans lequel la venue de M. de Beaufort avait tout remis à l'Hôtel de Ville la rassura, et elle en repartit bientôt, croyant que rien n'y était plus à craindre.

L'incendie cependant n'y était pas éteint. Depuis six heures du soir, — et il en était plus de dix alors, — il dévorait tout dans l'ancienne grand'salle, celle que nous connaissons déjà, qui datait du temps de Henri II, et se trouvait au rez-de-chaussée, près de l'arcade Saint-Jean, « la grande arche ». (Fig. 29.)

La solidité des voûtes de pierre à fortes arêtes, dont un reste subsista jusqu'aux dernières reconstructions, dans un corps de garde, qui avait autrefois dépendu de cette grand' salle, sauva tout. Beaufort, qui était en haut, avec les retardataires de l'assemblée dont quelques-uns n'osaient pas encore s'aventurer dehors, ignorait ce danger qui couvait sous ses pieds. Il n'en fut prévenu qu'à trois heures du matin, quand « les pierres des voultes esclatoient. » Il y descendit, et aussitôt commanda, dit le *Registre*, « à quantité de crocheteurs et gens d'eau, là présens, de vouloir esteindre le dit feu ; à quoy ils travaillèrent puissamment jusqu'à neuf heures du matin, sans lequel travail le feu eût enfin ruiné la voulte de la dicte salle, et ensuite embrasé tout l'Hôtel de Ville, estant un miracle évident de veoir ce qui en a esté. »

Le miracle ne fut pas complet. L'Hôtel de Ville conserva longtemps des traces du désastre qui aurait pu le détruire. La façade surtout en garda d'ineffaçables marques. Jamais la statue d'Henri IV, qui était au-dessus de la grande porte, ne fut, par exemple, remise en son premier état. Les deux figures qui étaient derrière celle du roi, ne purent pas être suffisamment réparées, et l'avant-train du cheval resta presque difforme. Le fils de Biard, à qui on les devait, et qui lui même était sculpteur, s'étant chargé de la réparation, n'y fit au reste rien de bon : « Biard le fils, dit Sauval, ayant voulu restaurer l'ouvrage de son père, l'a gâté. »

On trouvait sur cet accident de la statue d'Henri IV, et sur d'autres dommages éprouvés alors par l'Hôtel de Ville, tel que le vol de son fameux plan de tapisserie, qui put heureusement être retrouvé plus tard, des détails fort curieux, et d'autant plus navrants, dans le *Registre :* « Le feu, lisons-nous, y ayant esté mis par sept ou huit endroicts, toutes les portes des avenues furent bruslées et consommées; celles des salles furent toutes rompües, les tonneaux de vin defoncez, d'autres enlevez et conduits dans des maisons particulières; la tapisserie vollée; la figure de Henry le Grand, qui estoit à cheval au-dessus de la grande porte, toute gastée, tant par le feu que par les coups de mousquetade, qu'on a tirez contre les pierres de l'enceinte du portail de la dicte grande porte rompue; les fenestres, vitres et vollets d'icelle Ville du costé de la Grève, principalement, toutes fracassées et percées; les tableaux de la grand'salle, et ceux des bureaux et chambres de la reine trouez en divers endroicts de coups d'arquebuse; la porte de derrière la montée, et le hangard du costé de Saint-Jehan bruslez; ce qui devroit tirer des larmes de sang à tous les bourgeois et habitants de Paris, intéressez qu'ils sont à la conservation de l'Hostel de la dicte Ville. »

Cette pitié ne gagna personne, ni dans la foule ni chez les Princes. Au lieu de ces « larmes de sang, » que le naïf

rédacteur du *Registre* semble espérer du repentir de tous,
il n'y eut de la part de tous qu'une pensée : mettre à profit les résultats obtenus par la terreur pendant cette jour-

Fig. 30. — Corps de garde de l'Hôtel de Ville en 1830, ancienne grand'salle.

née de désastre, et la recommencer même si c'était nécessaire.

Dès le lendemain, l'émeute reprenait à la Grève, sous
prétexte d'imposer à quiconque passait le signe de ralliement imaginé par les partisans de l'union. C'était un bou-

chon de paille, qu'on se mettait au chapeau. Les chansons disaient, qu'après un incendie, le choix de cette paille aux mains de « boute-feux » était au moins singulier; elles avaient raison.

Le prévôt Le Febvre et deux des échevins : le conseiller au Châtelet, Michel Guillois, et l'élu de Paris, Nicolas Phelippes, refusèrent le bizarre insigne, et déclarèrent même qu'ils ne rentreraient pas à l'Hôtel de Ville, tant que l'autorité du roi continuerait d'y être méconnue. Gaston, le grand meneur, remplaça aussitôt Le Febvre par Broussel, dont le nom, qui résumait toute la Fronde, était un défi à Mazarin. Il garda les échevins Denison et Le Vieux qui n'avaient pas suivi le prévôt, et il nomma Beaufort gouverneur de Paris, à la place du maréchal de l'Hospital. Peu de jours après, comme il lui fallait lui-même un titre, il se fit donner par le Parlement celui de lieutenant général du royaume. Il avait enfin la souveraine autorité, du moins sur Paris. Une demande d'argent fut, comme c'était déjà d'usage pour ces pouvoirs de révolution, son premier acte, sa prise de possession. Une nouvelle assemblée, convoquée à l'Hôtel de Ville, vota, sous la pression toute-puissante de sa présence et de celle des Princes, une taxe dont le chiffre dépassait tout ce qu'aucun roi avait jusqu'alors osé, en une seule fois, demander à la Ville. Elle était de huit cent mille livres !

Cette taxe devait servir à solder des troupes contre Mazarin; mais comme celui-ci, pour aider au rétablissement de la paix, consentit, vers le milieu du mois suivant, à se

retirer, presque rien n'en fut dépensé. Que devint le reste?
On ne le sut jamais à la caisse de la Ville.

Après la retraite du ministre, les négociations marchèrent vite, avec toute chance d'aboutir. Le nouveau corps
municipal, oubliant son origine frondeuse, voulut y prendre part, mais l'ancien prévôt des marchands, Antoine Le
Febvre, qui, après s'être démis de sa charge, avait rejoint
la cour à Pontoise, fit savoir à l'Hôtel de Ville qu'on refu-
serait de recevoir qui que ce fût de cette municipalité, issue du désordre, dont un arrêt du conseil avait condamné
l'usurpation, et qui voudrait vainement se prévaloir de
l'élection par laquelle ensuite elle avait prétendu la légiti-
mer, puisque cette élection, faite malgré une défense ex-
presse du roi, avait été cassée par un autre arrêt du conseil.

Pour la première fois, Paris ayant à faire sa paix avec
le roi, n'aurait donc pour intermédiaire personne de l'Hôtel de Ville. Ce fut une députation des six corps qui le re-
présenta. Ceux qui la composaient furent très bien reçus;
ils « s'exprimèrent, dit Félibien, plus par leurs larmes que
par leurs paroles ». La réponse royale fut des plus rassu-
rantes : on croyait aux protestations d'obéissance dont Paris les avait chargés, mais, — et il fut, par là, de plus en
plus évident que ce qui s'était passé à l'Hôtel de Ville avait
très vivement frappé la cour, — on désirait que des actes
réparateurs vinssent promptement en garantir la sincérité.
« La meilleure preuve, disait la réponse, que Sa Majesté
désire de leurs bonnes intentions, et qui est absolument

nécessaire avant toutes choses, est que le gouverneur et les magistrats, qui ont été ci-devant chassés de la Ville y soient restablis. »

Ils le furent en effet, et d'autant plus vite que Broussel, et les deux échevins frondeurs, qui administraient avec lui, sachant ce qu'avait répondu le roi, se hâtèrent de quitter la place, « voyant, lisons-nous dans *la Chronologie des prévôts des marchands*, qu'il y alloit du repos de la Ville, et du bien de l'État ».

Antoine Le Febvre fut réintégré dans ses fonctions, par lettre de cachet du 5 octobre 1652, avec les deux échevins, Michel Guillois et Nicolas Phelippes, qui l'avaient suivi. Le roi rentra dans Paris quinze jours après, et les représentants de l'Hôtel de Ville, conduits par M. de l'Hospital, redevenu gouverneur de Paris, purent reprendre leur place dans la réception solennelle qui eut lieu au Louvre.

Tout était oublié : le roi l'avait dit, la Ville le prouva. Le 29 mars suivant, Mazarin, qui était revenu à Paris, depuis un mois, fut régalé à l'Hôtel de Ville par le gouverneur et le prévôt, avec affluence de peuple sur la place, aussi nombreuse et aussi enthousiaste que si l'on eût fêté le plus populaire des ministres. Il fit jeter de l'argent par les fenêtres, et l'enthousiasme alors devint de la frénésie.

Ce n'est pas tout; la Ville voulut, quelques mois après, donner au roi un gage de sa fidélité désormais inaltérable. Le 4 juillet, jour anniversaire de l'incendie qui avait failli, l'année précédente, détruire son Hôtel, elle fit prier le roi, sa mère, le ministre et toute leur cour d'y venir sou-

per. Il y eut grand régal, avec concert, puis une représentation du *Cid* par les comédiens du roi, et, à la suite,
un magnifique ballet; mais le plus important à la fête fut
l'inauguration d'une statue de marbre, représentant le

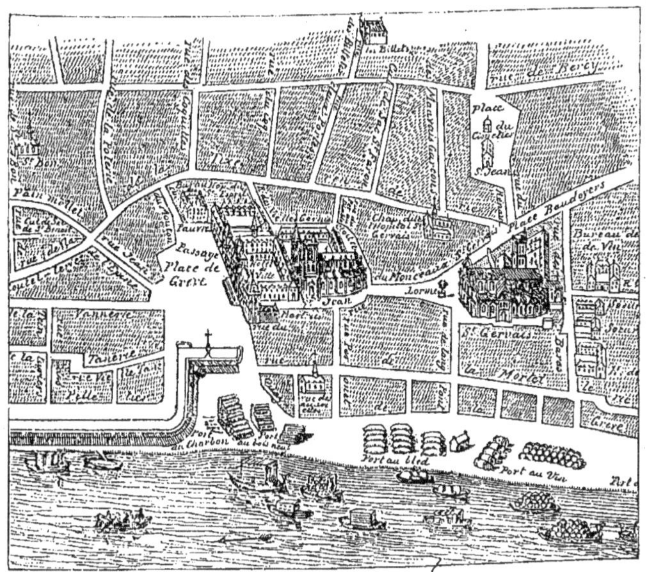

Fig. 31. — Plan du quartier de l'Hôtel de Ville, de 1675 à 1778.

jeune roi, le sceptre en main, et foulant aux pieds la Discorde. On l'avait placée au fond de la cour, dans l'arcade
du milieu, et le piédestal portait, avec le nom du sculpteur,
Gilles Guérin, une inscription latine, où le gouverneur de
Paris, les prévôts et les échevins témoignaient qu'il fallait
voir là, de leur part, un monument éternel d'honneur

et de fidélité, *æternum honoris et fidei monumentum.*

Le roi eut confiance, mais ne revint pas toutefois beaucoup à l'Hôtel de Ville. Nous ne l'y retrouverons que bien des années plus tard. La Fronde y avait trop régné et trop laissé de traces pour qu'il pût s'y plaire. Ce n'est pas qu'il tînt rigueur à la Ville. Il fit autant pour elle que ses prédécesseurs. En 1679, il la confirma dans tous ses privilèges, étendant ainsi ce que, par une première ordonnance d'octobre 1670, il lui avait accordé, pour le maintien de ce qui lui restait, comme juridiction de commerce. Sous Louis XI, nous l'avons vu, elle avait adjoint aux attributions de son Bureau celles du *Parloir aux Bourgeois,* c'est-à-dire du tribunal des causes commerciales. Charles IX les lui avait enlevées, lorsqu'en novembre 1563, il avait créé, en dehors de ce bureau, la juridiction du juge marchand, et des quatre consuls, qui fut l'origine de notre tribunal de commerce. La Ville n'avait gardé qu'un droit, le plus ancien de tous, il est vrai, car il remontait à la corporation des « marchands de l'eau, » et même jusqu'aux *Nautes ;* c'était celui de juger en première instance tous les procès et différends, relatifs à la navigation de la Seine et de ses affluents les plus voisins, surtout pour ce qui intéressait l'approvisionnement de Paris. Les juges des eaux et forêts de la Table de marbre y prétendaient. Le roi leur donna tort, laissant à la Ville ce dernier reste des attributions du *Parloir.*

Il eut aussi, quoique tardivement, quelques faveurs assez flatteuses pour la prévôté de l'échevinage. En novembre 1706, par exemple, il décida que le prévôt des marchands aurait droit désormais au titre de chevalier, et que Messieurs du bureau jouiraient des honneurs et privilèges de noblesse. Un édit de 1656 les leur avait déjà accordés, mais, faute d'enregistrement, n'avait pas eu force de loi, et n'était resté ainsi qu'une promesse.

Pendant le demi-siècle qu'elle mit à se réaliser, plusieurs prévôts s'en étaient montrés dignes. Michel Le Pelletier s'était principalement distingué. C'est à lui qu'on doit la construction du quai suspendu, qui allait du pont Notre-Dame jusqu'au milieu de la Grève, qu'il séparait elle-même, par son prolongement, en deux parties : la place proprement dite, dont la limite fut dès lors la rue de la Mortellerie : et, en contre-bas, les deux ports au charbon et au bois neuf, qu'un passage en pente, ouvert devant cette rue, mettait seul en communication avec la place même.

Bullet, qui venait d'achever la porte Saint-Denis, ne fit rien de plus considérable que ce grand ouvrage, dont Paris se vanta comme de l'une de ses merveilles, et qui, après s'être quelque temps appelé le quai *Neuf*, s'appela définitivement quai Le Pelletier, du nom du prévôt qui l'avait fait construire, et dont la modestie s'était dérobée d'abord à cet honneur. Le travail dura plus de deux ans, de 1673 à 1675. Quand il fut achevé, on déclara dans le grave *Journal des Savants*, que ce quai et les voussures qui « le portaient en l'air, » du côté de la rivière, ne le cédaient pas, comme « hardiesse surprenante, » aux jardins suspendus de Babylone.

La Grève avait ainsi été mise à l'abri des inondations,

dont le flot ne pouvait plus l'envahir que par le passage en pente du port à la place ; mais elle avait été en même temps de beaucoup diminuée, ce qui nuisit fort aux spectacles de toutes sortes, dont, en concurrence avec le Pont-Neuf, elle était plus que jamais le théâtre.

Les supplices aussi se multiplièrent sur la Grève, mais ils n'eurent pas le caractère politique de ceux qu'avait ordonnés Richelieu. Le contraste même en cela fut étrange. Sous Louis XIV, au lieu des criminels d'État que Richelieu avait frappés, il n'y eut à la Grève, comme exécutions fameuses, que des exécutions de femmes : la marquise de Brinvilliers, la Voisin, et madame Tiquet.

La Brinvilliers passa la première, le 16 juillet 1676, quarante-quatre ans après le maréchal de Marillac, dont le supplice est le dernier que nous ayons vu et qui était un peu son parent. Dans la foule énorme qui encombrait les rues voisines, et se pressait sur la place, aux fenêtres, sur les toits même, pour voir l'empoisonneuse, se trouvaient le peintre le Brun, qui, d'une fenêtre, la dessina dans la charrette, avec le crucifix entre ses mains garrottées ; et madame de Sévigné, qui le lendemain même écrivit à sa fille la lettre si curieuse dont la première ligne : « Enfin, c'en est fait, la Brinvilliers est en l'air... » fit croire à certains historiens de la Grève que la marquise avait été pendue. Elle fut décapitée, comme elle y avait droit par son rang ; madame de Sévigné, lorsqu'elle écrit qu'elle « est en l'air, » veut dire qu'après la décapitation, on a brûlé son corps, et, comme le voulait la sentence, jeté ses cendres au vent.

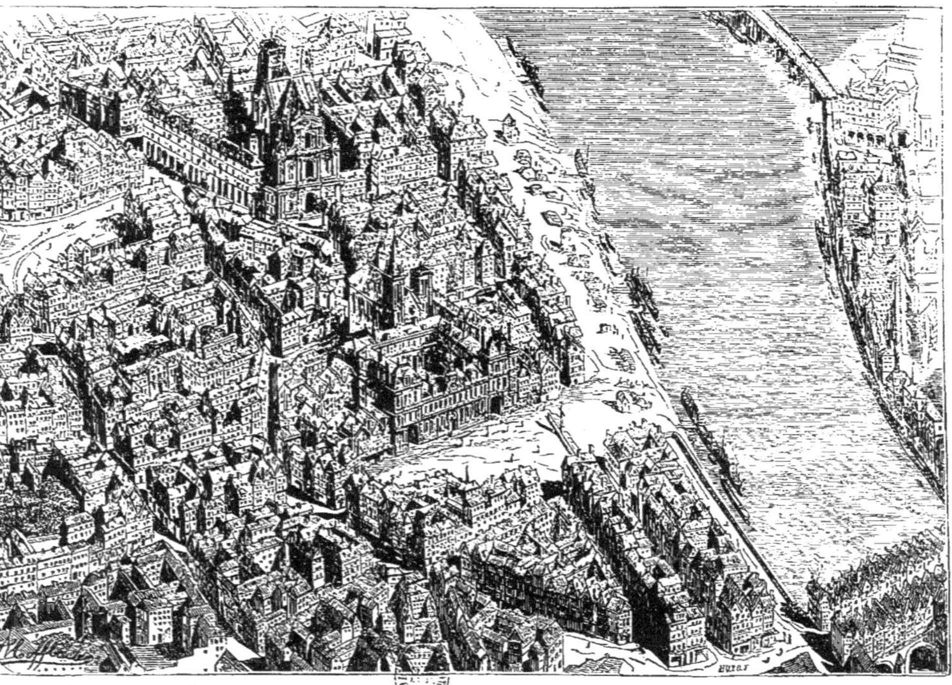

Fig. 32. — Vue à vol d'oiseau du quartier de l'Hôtel de Ville, de 1763 à 1778.

C'est de la fenêtre d'une des maisons qui bordaient alors le pont Notre-Dame, et non à la Grève même, car elle n'assista pas au supplice, comme plusieurs l'en accusèrent, que madame de Sévigné la vit dans le tombereau qui, du parvis Notre-Dame, où elle avait fait amende honorable, la menait à l'échafaud : « Je l'ai vue, dit-elle, jetée à reculons sur de la paille, avec une cornette basse et sa chemise, un docteur auprès d'elle, le bourreau de l'autre côté. » Ce bourreau mit plus d'un quart d'heure à la tourner, retourner et « miroder, » pour le supplice ; elle ne broncha pas. La tête sur le billot, elle fut aussi impassible : « Elle est morte comme elle a vécu, c'est-à-dire résolûment. »

L'exécution de la Voisin, brûlée vive en Grève six ans après, le 22 février 1682, n'a pas de meilleure chronique qu'une autre lettre de madame de Sévigné, écrite aussi le lendemain du supplice. La terrible sorcière empoisonneuse avait été condamnée par la Chambre ardente qui siégeait à Vincennes, et c'est par la rue Saint-Antoine, où la marquise la vit passer d'une fenêtre de l'hôtel de Sully, qu'elle fut conduite au Parvis, puis au bûcher : « A Notre-Dame, elle ne voulut jamais prononcer l'amende honorable, et à la Grève elle se défendit autant qu'elle put de sortir du tombereau : on l'en tira de force ; on la mit sur le bûcher assise et liée avec du fer, on la couvrit de paille ; elle pria beaucoup ; repoussa la paille cinq ou six fois ; mais enfin le feu s'augmenta, et on la perdit de vue, et ses cendres sont en l'air présentement. »

En 1699, l'exécution de la belle et riche madame Tiquet,

convaincue d'avoir voulu faire assassiner son mari par Moura, son portier, et condamnée à payer ce crime de sa tête, eut les plus poignantes péripéties. Une pluie d'orage, — on était en plein été, le 20 juin, — força la malheureuse à rester plus d'une demi-heure dans la charrette avec son complice, en face de l'échafaud, et voyant auprès le carrosse noir, attelé de ses propres chevaux, dans lequel le bourreau devait mettre son cadavre décapité.

Moura, condamné à être pendu, fut exécuté le premier, sous ses yeux. Son tour venu, elle monta bravement, s'arrangea elle-même les cheveux, rejeta sur ses épaules le col de sa robe blanche, et mit sa tête sur le billot, avec une telle assurance que le bourreau en fut troublé. Ce fier courage lui fit perdre le sien; il fallut qu'il s'y reprît à trois fois pour abattre cette tête charmante, pendant que la foule, que tant de beauté et de résolution avait fini par frapper de pitié, menaçait en hurlant de renverser l'échafaud.

Le feu de la Saint-Jean continuait, chaque année, de faire contraste par ses réjouissances à tant de spectacles sinistres, mais avec moins d'appareil et moins d'éclat que par le passé. Il se ressentait de l'absence du roi, qui pas une fois ne se dérangea de ses fêtes de Versailles pour présider, comme l'avaient fait son père et son aïeul, à cette fête populaire. L'Hôtel de Ville lui même ne le revit qu'en une seule circonstance, lorsqu'après la grave maladie, dont il avait failli mourir en 1686, il vint, au commencement de l'année suivante, faire ses dévotions à

Notre-Dame, et accepter au retour le dîner que lui avaient offert le prévôt des marchands, M. de Fourey, et les échevins.

Il s'y montra de la plus parfaite et de la plus confiante bonne grâce, comme s'il eût voulu, dans cette unique vi-

Fig. 33. — Le meunier à l'anneau; d'après une gravure du temps.

site, reprendre ce que tant d'années d'absence lui avaient fait perdre à Paris de popularité. Il n'y eut, par son ordre, que des officiers de la Ville pour dresser et servir le dîner de cinquante-cinq couverts préparé dans la grand'salle. Au lieu des valets de son service de bouche, qui d'ordinaire le suivaient partout, ce furent cent vingt des archers de l'Hôtel de Ville, avec la casaque au navire d'argent, qui portaient les plats. Comme escorte au dehors, et comme garde autour de la table, il n'accepta qu'une compagnie de la garde bourgeoise. Roi de Versailles depuis trop long-temps, il semblait ne vouloir être ce jour-là que le roi de Paris, entouré des seuls Parisiens.

Il refusa tout ce qui pouvait trop sentir le faste et le bruit. La Ville voulait annoncer son arrivée par de nom-breuses salves de tous les canons; il ordonna, pour l'em-ployer mieux, que toute cette poudre fût mise en fusées. Le repas fut superbe, avec des fleurs partout, malgré la gelée, car on était à la fin de janvier. Le peuple eut son régal aussi, qui, pour être en plein vent, ne fut pas moins somptueux à sa manière. On fit à la Grève, devant le Saint-Esprit, une prodigieuse distribution de pâtés, de viandes froides, etc., etc. Le vin fut répandu à flots : sept mille bouteilles y passèrent, sans compter ce que versaient sur la place quatre fontaines qui coulèrent pendant tout le jour et une partie de la nuit. Quand le roi se retira, il donna ordre de mettre en liberté les quelques prisonniers pour dettes qui pouvaient être dans la basse geôle de l'Hô-tel de Ville; puis, apercevant, sous l'arcade centrale de la cour, la statue de Gilles Guérin, qui, nous l'avons dit, le représentait foulant aux pieds la Discorde, il fit remarquer que de tels souvenirs n'étaient plus de saison, et que par conséquent cette statue devait disparaître. Elle disparut en effet; le prévôt, M. de Fourey, à qui il en avait laissé la libre disposition, la fit transporter dans les jardins de sa terre de Chessy.

La place ne pouvait rester vide. En 1689, après qu'on eût orné l'arcade d'un revêtement et de deux colonnes de marbre à chapiteaux de cuivre doré, une nouvelle statue y fut mise. Elle n'était pas de marbre comme l'autre, mais de bronze; les Keller l'avaient fondue sur un modèle de Coysevox. Louis XIV y était représenté en costume de triomphateur romain, avec une inscription rappelant le zèle et la fidélité des officiers de la Ville auxquels il devait cet hommage. Sur le piédestal se voyaient deux bas-reliefs, dont l'un figurait le roi faisant distribuer du pain au peuple, pendant la famine de 1662; et l'autre, d'une inspiration moins heureuse, le triomphe de la Religion sur l'Hérésie. Cette allusion à la révocation de l'édit de Nantes ne valait guère mieux que le souvenir de la Fronde rappelé par la première statue, et il n'était certes pas nécessaire en ce cas de supprimer l'une, pour mettre l'autre à la place.

L'inauguration se fit avec éclat. Dangeau écrit à la date du jeudi 14 juillet 1689, dans son *Journal :* « On fit placer dans l'Hôtel de Ville de Paris une statue du roi : elle est de bronze et de sept pieds de haut. Ensuite on tira un feu d'artifice magnifique devant la porte, et l'on fit force réjouissances. »

C'est alors que fut mise au-dessous de la statue de la porte du milieu, « sur un fond de marbre de Dinan, » cette inscription en lettres d'or :

SUB LUDOVICO MAGNO

FÆLICITAS URBIS;

et qu'en face de cette même porte, de l'autre côté de la place, au coin des rues de la Vannerie et Jean de l'Épine, qui s'appela, dès lors, *le coin du roi*, on plaça le buste de Louis XIV au-dessus de la branche en fer d'une lanterne, qui ne deviendra que trop fameuse sous Louis XVI.

Tous les frais de la statue par Coysevox avaient été au compte de la Ville. C'est ce qui la sauva, pendant la révolution, lorsques toutes les autres de même métal étaient brisées, pour fondre des canons. La Nation l'avait réclamée, la Commune la refusa, après un rapport où Le Grand-Delaleu, garde de ses archives, prouvait que toute la dépense, comme nous l'avons dit, avait été faite par la Ville, et que la Nation n'y avait en rien contribué. Cette conclusion du conseil général de la Commune, prise dans sa séance du 16 juillet 1792, n'aurait pas suffi à sauver la statue, si Cambon, alors maire de Paris, ne fût intervenu. Comme on se demandait ce qu'il en fallait faire, et que la plupart des membres étaient d'avis qu'on devait la détruire, Cambon fit observer, dit le procès-verbal, « que des amateurs de rois se présenteraient certainement pour l'acquérir et qu'on en tirerait par ce moyen un parti plus avantageux que de la transformer en canons, même pour l'artillerie de la Commune ». Cette opinion prévalut; la statue, qu'on descendit alors dans une des caves, fut conservée, mais ce ne fut que pour être exposée en mai 1871, à un péril encore plus grand.

Elle y a échappé aussi. « On a retrouvé, écrivait un mois après M. Jules Claretie, dans l'entassement de détritus

qui couvrait la cour déblayée aujourd'hui, la statue de
Louis XIV, qui était debout sous le portique : l'explosion
d'un amas de cartouches avait enlevé de son socle le roi de

Fig. 34. — Feu d'artifice tiré devant l'Hôtel de Ville, à l'occasion de la naissance
du duc de Bourgogne, le 8 août 1682.

bronze, et l'avait projeté sans lui casser un ongle à plusieurs mètres de là, dans un amas de décombres. »

Après l'inauguration de cette statue, le règne de Louis XIV
s'était passé sans événements à l'Hôtel de Ville. Le dernier qu'on y eut vu marquer avait été l'établissement, par
déclaration du 18 janvier 1695, d'une taxe nouvelle, la

capitation, imposée sur toutes les têtes, même les plus no-
bles, dans un intérêt éminemment national, et pour laquelle l'élan patriotique des contribuables, surtout des plus
grandes dames, empressées à venir porter cette dîme au
trésor épuisé par la guerre, força les échevins à transformer en bureaux de recette la grand'salle de l'Hôtel de
Ville, où, d'après la déclaration du roi, devait se faire
cette perception. (Fig. 35.)

Sous Louis XV, la grand'salle reprit sa physionomie.
Dans la première moitié du règne surtout, les fêtes se multiplièrent à l'Hôtel de Ville, et le roi y prit assez souvent
part. La première, le 5 août 1721, se donna pour célébrer
la convalescence de sa première maladie. Il y eut grand
souper, où l'on but prodigieusement, et cela par ordre. Il
existait en effet aux archives de la Ville un programme
manuscrit de cette fête, en marge duquel M. de Gesvres,
qui fut longtemps gouverneur de Paris, avait écrit à l'endroit du souper : « Il faut boire beaucoup. »

On n'eut garde d'y manquer, et l'an d'après non plus,
le 10 mars 1722, quand la Ville donna un grand bal, où
le petit roi et l'infante, dont on voulait alors faire sa
femme, parurent un instant. Cet excès tourna presque en
désordre : « Tout était un peu gris, dit le *Journal* de l'a-
vocat Barbier... Les pages du roi et des Princes ont dé-
coiffé les femme, jeté les perruques sur les lustres, et fait
le tapage. »

Au mariage du roi, trois ans après, il n'y eut qu'un feu
d'artifice devant l'Hôtel de Ville, avec sonnerie de sa grosse

cloche pendant trois fois vingt-quatre heures; mais en
1739, quand la fille aînée du roi épousa l'infant don Philippe, la fête fut complète. Le prévôt, M. Turgot, qui sortait
de charge, avait voulu faire de son mieux, pour bien finir,
et il réussit. On avait transformé la cour en salle de bal,
avec un beau plancher et des décorations marbre et or, qui
furent du plus bel effet à l'éclat des lustres : « On tournoit
en haut dans les appartements qui sont autour de la cour,
et qui étoient diversement ornés avec des toiles peintes en
or et en argent. » Quoiqu'on fût à la fin du mois d'août,
tout le monde n'entrait que masqué, comme en carnaval.
Le bal dura toute la nuit.

Le 15 novembre 1744, quand le roi revint de Metz, où
il avait failli mourir, ce fut encore mieux. La grand'salle
de l'Hôtel de Ville, où il avait accepté à dîner, fut tendue
de damas cramoisi, avec galons d'or, et « toute remplie
de lustres ». La Grève fut entourée d'une colonnade en
carton peint, la façade de l'Hôtel de Ville fut reblanchie, et
le soir, on la couvrit de lampions jusqu'au toit. Sur le port
au charbon une grande fontaine carrée versa du vin, tout
un jour, par quatre ouvertures, et, comme il avait été
question de *Te Deum* à Notre-Dame, on mit le port au blé
en communication avec le port Saint-Landry, par un pont
de bateaux, pour abréger le chemin à Messieurs de la
Ville.

L'année suivante, qui fut celle de Fontenoy, les fêtes
recommencèrent de plus belle à l'Hôtel de Ville. Le roi y
vint d'abord au bal qui fut donné en janvier pour le ma-

riage du dauphin et d'une infante d'Espagne, puis, au mois de septembre, à son retour de la campagne qu'avait signalée la grande victoire. Il y accepta alors à dîner avec la reine.

Il n'y eut de nouvelles fêtes que plus de trois ans après, en février 1749, quand la paix d'Aix-la-Chapelle, conclue déjà depuis quelque temps, fut enfin publiée à Paris. C'est par les officiers de la Ville, unis à ceux du Châtelet, que de tout temps, notamment depuis la paix de Vervins en 1598, et celle de 1626, avec l'Angleterre, ces publications s'étaient faites à haute voix, devant l'Hôtel de Ville d'abord, ensuite à la place Maubert, aux Halles, etc., etc.

Des réjouissances suivaient toujours. Pour celle de 1749, on fit un feu d'artifice magnifique à la Grève, et un grand bal y fut donné au peuple. Comme la place n'était pas assez vaste pour les préparatifs du feu et pour la salle de danse, on construisit celle-ci sur le port au charbon, mis de niveau avec la Grève au moyen d'un immense plancher, qui coûta, à lui seul, plus de vingt mille livres.

Cette insuffisance de la place faisait beaucoup crier. Non seulement elle était trop étroite, mais elle était de forme irrégulière, ce qui rendait inutile tout ce que l'on essayait pour l'orner, les jours de grandes réjouissances publiques. « La place de Grève, écrivait l'avocat Barbier en 1744, à propos de la colonnade que nous y avons vu construire alors, pour les fêtes du retour de Metz, est si vilaine, si difforme par elle-même, que cette décoration ne faisait pas un bel effet. »

Comment parer à tous ces inconvénients? On ne vit qu'un moyen, le plus extrême de tous : déplacer l'Hôtel de Ville et le rebâtir sur un plus large espace. Le prince

Fig. 35. — Taxe par tête ; d'après une ancienne gravure.

de Conti, qui venait d'être fait grand prieur, et devait par conséquent aller loger au Temple, voulait vendre alors son hôtel, près du Pont-Neuf, sur le quai qui porte son nom. Le roi fit savoir à la Ville qu'elle ferait bien de l'acheter pour se construire un hôtel nouveau, qui aurait là tout l'espace nécessaire, et y serait d'ailleurs, comme l'autre, près de la Seine.

Cette dernière condition semblait indispensable, d'après un vieux souvenir des « marchands de l'eau » et des *Nautes,* origine de la municipalité parisienne. « L'Hôtel de Ville, écrit le marquis d'Argenson, à propos de ce projet, doit toujours être sur la rivière. »

La Ville, à qui l'on avait déjà demandé, depuis le commencement du siècle, bien des sacrifices, car c'était elle qui avait notamment fourni l'argent nécessaire pour la construction des façades de la place Vendôme, consentit à pourvoir à cette nouvelle dépense. Elle acheta, en 1751, l'hôtel de Conti pour la somme très considérable de dix-huit cent mille livres, ce qui, joint à l'achat de l'hôtel de Sillery, voisin de celui-ci, et que son propriétaire, M. de Puysieux, un des ministres, avait voulu vendre, et à des gaspillages de toutes sortes, la jeta en de grands embarras : « L'Hôtel de Ville de Paris, écrivait deux ans après d'Argenson, est ruiné par les acquisitions de l'hôtel de Conti, et de la maison de M. de Puysieux, ainsi que par les dilapidations du duc de Gèvres et du prévôt des marchands. »

L'abandon du projet de déplacement et de reconstruction de l'Hôtel de Ville fut la conséquence de ces embarras qui se prolongèrent longtemps et ne cessèrent, encore incomplètement, que dix-sept ans après, en avril 1768, lorsque le roi racheta à la municipalité l'hôtel de Conti pour faire construire sur son emplacement l'hôtel des Monnaies, qui s'y trouve encore.

Pendant ce temps, il ne s'était plus donné de fêtes à la Grève. La naissance du duc de Bourgogne, fils aîné du Dauphin, au mois de septembre 1751, en aurait réclamé de magnifiques; on fit de l'argent qu'on y eût dépensé, 400,000 livres à peu près, un emploi plus intelligent. Par ordre du roi, la Ville dut, avec cette somme, doter six cents jeunes filles, que choisiraient les curés dans chaque paroisse, et qu'ils marieraient à des jeunes gens, nés à Paris, dont la conduite serait reconnue irréprochable. Chaque marié devait recevoir un habit en bon drap, et la mariée une robe d'étoffe rayée soie et fil; il y aurait un louis pour la noce, et, le mariage fait, le curé disposerait pour chacun d'une somme, d'abord fixée à cinq cents, puis, réduite à trois cents livres : aux uns, il achèterait des meubles; aux autres, qui pourraient fournir le complément, un brevet de maîtrise.

Les six cents mariages se firent tous, le 9 novembre, avec l'ordre le plus parfait. A Saint-Sulpice seulement, il n'y en eut pas moins de soixante-huit. Les officiers de la Ville y assistèrent, chacun dans sa paroisse, mais n'y signèrent pas, le bienfait ne devant laisser aucune trace, et la Ville craignant qu'on pût un jour reprocher à ces jeunes gens de s'être mariés par charité.

Ce fut, dans ce règne corrompu, une idylle assez inattendue, qui eut sa contre-partie tragique et sanglante dans les supplices dont quelques-uns firent grand bruit, dès l'époque de la Régence. On eut d'abord celui du comte de Horn, qui pendant la fièvre du système de Law, avait assassiné, pour lui voler ses actions, un riche agioteur, dans le cabaret de *l'Épée de bois*, au coin des rues Quincampoix et de Venise. Le comte étant de famille souveraine avait droit de périr par la hache ou le glaive; ce fut la dernière grâce qu'on demanda pour lui. Le Régent la refusa, il laissa faire la justice : « Le lieutenant criminel, dit Mathieu Marais, a jugé ce souverain souverainement, comme un vagabond et un voleur de grand chemin. » Quatre jours après le meurtre, le 26 mars 1720, il fut roué vif. C'était le mardi avant Pâques, c'est-à-dire le dernier jour de la semaine sainte, où l'on eût le droit d'exécution à la Grève.

L'année suivante, ce fut le tour de Cartouche et de sa bande. Il passa le premier, et les autres ne furent, à leur tour, exécutés, que parce qu'ils ne lui prêtèrent pas, pour le délivrer, le secours promis et qu'il attendait. Conduit à la Grève, vers cinq heures du soir, le jeudi 26 novembre, il s'étonna de ne voir qu'une seule roue prête, la sienne, lorsqu'il comptait que quatre au moins de ses principaux complices seraient roués avec lui. Voyant ensuite qu'il ne se faisait aucun mouvement dans la foule, et que pas un des siens ne se risquerait pour le sauver, il demanda à parler; c'était pour les dénoncer tous. En pareil cas, deux conseillers se tenaient toujours dans l'Hôtel de Ville, pour recevoir les déclarations du condamné.

On y mena Cartouche, et cette fois, la tâche des deux conseillers fut longue : « Il a, dit l'avocat Barbier, déclaré l'une après l'autre un nombre infini de personnes. Il y est resté jusqu'à vendredi deux heures après midi qu'il a été roué vif. Toute la nuit, on ne faisait qu'amener du monde dans des fiacres, et la Grève étoit toujours pleine de gens qui attendoient. » (Fig. 36.)

Ces aveux de Cartouche amenèrent l'arrestation et la condamnation d'une foule d'autres qui une fois devant l'échafaud, voulurent eux aussi, ne fût-ce que pour gagner une heure ou deux, faire leurs dénonciations, de telle sorte que, plusieurs mois après, on n'avait pas encore fait complète justice de cette terrible et innombrable bande :

Fig. 36. — Cartouche à l'Hôtel de Ville avant son supplice; d'après Bonnart.

« Quand ils sont à la Grève, dit Mathieu Marais, ils demandent à parler. On les mène à l'Hôtel de Ville, ils y passent la nuit, et y font ce qu'on appelle *la nuit blanche*...

Là, ils découvrent tous leurs complices, et on ne les exécute que le lendemain. »

Cartouche avait été roué le 27 novembre; au mois de juin suivant, plus de cent cinquante de ses complices étaient encore à la Conciergerie. Il fallut, pour s'en débarrasser, procéder par séries. La dernière compta 30 condamnés, dont Mathieu Marais résume ainsi la sentence et le supplice : « Arrêt du 22 août contre trente-sept accusés de la compagnie de Cartouche. Il y en a de roués, de pendus, d'autres fouettés, fleurdelysés, aux galères, bannis, et deux ou trois hors de cour. Cet arrêt est fort bien dressé. »

L'exécution de Damiens, le 28 mars 1757, pour une légère égratignure faite à Louis XV, fut affreuse. « Le dit condamné, lisons-nous dans le procès-verbal du greffier, a été lié sur l'échafaud, où d'abord il a eu la main brûlée, tenant en icelle le couteau avec lequel il a commis son parricide... il a été tenaillé aux mamelles, bras, cuisses et gras des jambes, et sur les dits endroits a été jeté du plomb fondu, de l'huile bouillante, de la poix résine, et du soufre fondus ensemble. Ensuite, il a été tiré à quatre chevaux, et après plusieurs secousses a été démembré, et ses membres et corps mort jetés sur le bûcher. »

Jamais il n'y avait eu pareille multitude, comme s'il était dit que l'impitoyable curiosité devait augmenter avec l'atrocité du supplice. Il est vrai que deux ans auparavant, le 2 juillet 1755, lorsqu'on avait pendu madame Lescombat, l'exécution, quoique fort simple, car on n'avait pu même voir le visage de la suppliciée, qui resta couvert d'un voile, la foule ne s'était pas moins empressée. Il y avait des curieux, suivant l'avocat Barbier, jusque sur l'autre rive de la Seine, jusqu'en haut des tours de Notre-Dame. Le criminel roman de cette femme, qui avait fait assassiner son mari par Montgeot son amant, qui d'abord faiblement poursuivie et presque renvoyée de l'accusation, avait enfin été jugée et condamnée après la dénonciation faite par son complice, à la Grève même, sur l'échafaud, et devant elle qu'on y avait conduite exprès; les retards de son exécution ajournée du mois de janvier au mois de juillet, parce qu'elle s'était dite enceinte; telles étaient les causes de cet empressement.

Le supplice de l'infortuné comte de Lally-Tollendal, neuf ans plus tard, excita une curiosité plus scandaleuse encore. Il y eut une telle affluence de femmes du plus grand monde, que Gilbert, dans sa plus virulente satire, ne put retenir son indignation contre ces mondaines soi-disant sensibles, qu'on avait vues des premières

> . . . . à cette horrible fête
> Acheter le plaisir de voir tomber sa tête.

Le Bourgeois de Paris, dont on a un *journal* encore *inédit*, pour cette année 1766, et pour les suivantes, donne sur cette exécution, qu'il vit de la fenêtre d'un marchand de vin, auprès de l'arcade Saint-Jean, les détails les plus circonstanciés. Il commence son récit au moment où la Grand'Chambre condamne le comte de Lally, ancien généralissime de nos troupes dans l'Inde, à être décapité, comme criminel de haute trahison et coupable d'avoir livré Pondichéry aux Anglais. On reste stupéfait en présence de cet arrêt inique, — sans vivres, sans argent, avec une garnison de 200 hommes seulement, Lally-Tollendal devait tenir tête pendant plusieurs mois à une armée de 22,000 hommes et à une flotte de 14 vaisseaux. Il ne s'était rendu que lorsque toute résistance était devenue impossible. La royauté, la royauté seule, était responsable de la perte de l'Inde. Le récit se poursuit presque heure par heure, depuis le lundi 5 mai, jour de l'arrêt, jusqu'au vendredi 9, qui fut celui du supplice : « Toutes les croisées de la Grève, dit-il, furent louées des prix fous ; on avoit découvert les toits de plusieurs maisons pour construire des échafauds, et l'on voyait des hommes jusque sur les souches des cheminées. »

Le comte faillit se soustraire à cet acharnement de curiosité : il se frappa d'un compas qu'il avait caché dans la doublure de son habit, mais ne se fit qu'une blessure sans gravité ; il voulut avaler un cure-dents d'argent, pour s'étrangler, mais n'y parvint pas. Afin de rendre impossible toute autre tentative de ce genre, on le garrotta de liens ; et, comme il se plaignait du roi et des juges, on lui mit un baillon. Aucune ignominie ne lui fut épargnée, malgré son rang et ses anciens services, et malgré son âge, car il n'avait pas moins de soixante-quatre ans.

Au lieu de l'exécuter de nuit, ce qui l'eût un peu dérobé à la curiosité sauvage de la foule, on l'amena en plein jour à la Grève ; et c'est dans le tombereau des criminels, et

non dans un carrosse drapé de noir, comme il avait d'abord
été décidé, qu'il y fut conduit. Tout le long du chemin,
de la Conciergerie à la Grève, il regarda la multitude d'un
œil impassible : « Lorsqu'il fut arrivé au milieu de l'échafaud, dit Le Bourgeois, on le plaça de manière qu'il tournât
le dos à l'Hôtel de Ville. Le fils aîné de l'ancien bourreau,
qui étoit placé du côté gauche, en face de son père,
qui le regardoit, prit le damas qu'on lui tendoit du bas
de l'échafaud, et du même moment, sans mesurer son
coup, le frappa au-dessous du crâne beaucoup plus haut
qu'il ne falloit. Le père sur-le-champ prit le damas des
mains de son fils, frappa le second coup, et acheva de
couper les chairs; ce qui fut fait en un instant. »

On le porta sous les charniers du cimetière Saint-Jean
en Grève, puis à l'église même, où on l'enterra dans la
cave de cette chapelle de la Communion, qui est devenue,
nous l'avons dit, la salle Saint-Jean de l'Hôtel de Ville.

Cette exécution de Lally fut une des pires iniquités du
gouvernement de Louis XV, qui crut trop souvent devoir
racheter ainsi ses faiblesses et se venger des pertes qui en
étaient les suites, par des rigueurs contre ceux à qui il ne
pardonnait pas l'inutilité de leurs services, lorsque lui-
même les avait mis dans l'impuissance de le servir. C'est
ce qui était arrivé au comte, et ce qu'il avait si chèrement
payé. Louis XVI le reconnut; et douze ans après, le 21 mai
1776, réparant du mieux qu'il pouvait l'infamie de son
prédécesseur, il cassa, après avoir pris l'avis de son conseil, la sentence qui avait fait traîner Lally à l'échafaud.

N'oublions pas que c'est aux pressantes et éloquentes polémiques de Voltaire qu'était due cette tardive réhabilitation.

CHAPITRE VI

La Grève agrandie avant la Révolution. — Supplice de Desrues. — Louis XVI et Marie-Antoinette à l'Hôtel de Ville pour les fêtes de la naissance du Dauphin. — La première émeute en 1787. — Le premier garde national en 1789. — La cocarde *tricolore*. — Assassinat de M. de Launay et de M. de Flesselles, prévôt des marchands. — L'intendant Foulon *à la lanterne*. — Assassinat de son gendre Berthier de Sauvigny sous le réverbère. — Louis XVI et Bailly, à l'Hôtel de Ville, le 27 juillet et le 6 octobre. — Supplice du marquis de Favras. — Le boulanger François à la lanterne — Comment, de par la *loi martiale*, le drapeau rouge est le drapeau de l'ordre. — Pétion, maire de Paris, et la journée du 20 juin 1792. — Les deux communes à l'Hôtel de Ville dans la nuit du 9 au 10 août. — Assassinat du marquis de Mandat sur l'escalier. — Triomphe de la commune insurrectionnelle qui renverse l'autre. — Robespierre et Marat veulent s'en faire une dictature. — L'Assemblée prétend lui faire rendre des comptes; elle répond par les journées de septembre. — Mme de Staël à l'Hôtel de Ville pendant les massacres. — La dictature que s'arroge l'Hôtel de Ville sur toutes les communes de France dénoncée par Barbaroux. — Part de la Commune dans la condamnation de Louis XVI. — La Convention, pour échapper à son despotisme, veut siéger à Versailles. — Journées du 31 mai et du 2 juin à l'Hôtel de Ville et à la Convention. — Les Girondins sacrifiés à la Commune. — Émeute à la Grève pour exiger la *loi des suspects*. — On y brûle les reliques de sainte Geneviève. — Exécutions d'Hébert et de Chaumette. — Robespierre et la Commune mis hors la loi. — Le coup de pistolet du *cabinet vert*. — Robespierre et la Commune à l'échafaud : quatre jours d'exécutions en masse. — Fréron veut qu'on démolisse l'Hôtel de Ville. — L'assassin du député Féraud délivré à la Grève, devant l'échafaud. — Exécutions des conspirateurs sous le Consulat et l'Empire : Aréna et ses complices: Corbon et Saint-Régent; Georges Cadoudal, etc., etc. — La propriété de l'Hôtel de Ville enlevée et rendue à Paris. — Le préfet Frochot. — Fêtes du couronnement. — Le feu d'artifice de l'hôtel des Ursins. — La conspiration Malet à l'Hôtel de Ville. — Projets pour son agrandissement. — Ce que l'invasion coûte à la Ville. — Le nouvel Henri IV de la façade, en plâtre, puis en bronze. — Exécutions des « patriotes de 1816 » et des quatre sergents de La Rochelle. — La dernière exécution à la Grève. — Pourquoi l'on n'y exécute plus.

Avec le règne de Louis XVI commence une ère historique nouvelle. Jusqu'ici, l'histoire de l'Hôtel de Ville a été toute locale; l'histoire de Paris s'y absorbait seule par instant. Quand arrive la Révolution, c'est l'histoire de France même qui vient s'y confondre. N'ayant pas à raconter ici l'histoire de France, nous nous en tiendrons au sommaire animé des faits qui, à partir de l'avènement de Louis XVI, se multiplièrent à la Grève et à l'Hôtel de Ville.

Comme si l'on eût prévu que l'espace manquerait bientôt à la Grève pour tant d'événements, on commença par l'agrandir.

L'énorme affluence attirée par le supplice de l'épicier Desrues, roué vif pour avoir assassiné Mme de la Motte et son fils, afin de reprendre le prix d'une terre qu'il avait achetée à cette famille, et dont on ne put obtenir aucun aveu ni à la question, ni pendant les quelques heures qu'on lui fit passer avec sa femme à l'Hôtel de Ville, avant l'exécution, prouva une fois de plus, le 17 mai 1777, combien cette place était trop étroite.

Les travaux commencèrent l'année suivante.

Le port au charbon, sur lequel nous avons vu construire l'immense plancher de la salle de bal pour les fêtes de 1749, fut supprimé. Le quai Le Pelletier prolongé, au moyen d'un remblai considérable, jusqu'au port au blé, devant la ruelle des Haudriettes, le remplaça, et la Grève, qui n'allait pas alors plus loin que la rue de la Vieille-Tannerie, devant laquelle l'arrêtait net un parapet qui la séparait du port, se trouva ainsi étendue jusqu'à la Seine.

Cet agrandissement ne fut pas inutile pour les fêtes de la naissance du Dauphin, données quatre ans après, les 21

Fig. 37. — Bal costumé donné par la ville, sous Louis XVI, 23 janvier 1782.

et 23 janvier 1782. La Grève, ces jours-là, redevint même
trop étroite. On l'avait encombrée d'un lourd édifice en
bois et en toile peinte, placé au fond, devant le bureau
des pauvres, et faisant retour, sur le côté opposé à l'Hôtel
de Ville, par une façade qui allait depuis la rue du Mouton jusqu'à celle de la Vannerie.

Le roi, la reine et toute sa cour se placèrent dans la partie qui regardait la Seine, où le feu d'artifice avait été
dressé sur des bateaux. Il fut tiré après le dîner de soixante-
dix-huit couverts donné, le lundi 21, dans la grand'salle
de l'Hôtel de Ville.

La cour avait été disposée en salon, pour le bal qui eut
lieu le surlendemain. La cohue y fut telle que le roi et la
reine faillirent étouffer. « Malgré cela, disent les *Mémoires
secrets*, ils parurent s'amuser. »

Lorsqu'ils revinrent à l'Hôtel de Ville, sept ans après,
tout avait bien changé. Ils n'avaient plus de la royauté
que les apparences; la Révolution régnait déjà réellement
à leur place. La Grève en avait eu de bonne heure, les terribles prémices. Dès 1776, la famine, qui en fut une des
causes, avait eu là ses victimes. Deux malheureux, poussés
par la faim, avaient forcé une boulangerie pour y voler
du pain; ils furent pris et pendus. En 1787, l'impopularité
du ministre Brienne, autre cause de mécontentement,
amena, le 24 août, une émeute qui eut de plus terribles
suites. De la place Dauphine, où avait commencé le mouvement, la foule était remontée jusqu'à la Grève. Le guet,
qui l'y attendait en force, l'accueillit par un feu roulant

qui jeta par terre trente-sept personnes, dont les cadavres furent aussitôt précipités dans la Seine.

Le peuple lui en garda une vive rancune. Au mois de juillet 1789, le désarmement du guet, sur cette même place, l'avant-veille de la prise de la Bastille, fut sa première violence. Comment remplacer cette garde, la seule qui veillât alors à la sûreté de Paris? Le peuple s'en chargea, il demanda des armes, celles du guet et celles des gardes de la Ville; et, de plus, il exigea qu'une fois armé, on le constituât en garde bourgeoise. L'Assemblée des électeurs, qui siégeait alors à l'Hôtel de Ville, où elle s'était substituée au pouvoir municipal, qui avait déserté son poste, hésita; mais on sut bien la contraindre. Après plusieurs heures de vociférations menaçantes, où la foule faisait entendre que, si des armes lui étaient refusées, elle mettrait le feu à l'Hôtel de Ville, les actes succédèrent aux cris. « Les portes, lisons-nous dans le procès-verbal de l'Assemblée des électeurs du 12 juillet, ont été enfoncées, les armes pillées, et l'instant d'après, on a vu un homme en chemise, jambes nues et sans souliers, le fusil sur l'épaule, prendre la place d'un garde de Ville désarmé, et monter fièrement la garde à la porte de la grand'salle. »

C'est le premier garde national, qu'on ait vu à l'Hôtel de Ville.

Le lendemain 13 juillet, la même Assemblée des électeurs faisait voter, par son comité permanent, la levée de 48,000 hommes qui devaient former la « milice parisienne ». Ce nom fut changé en celui de « garde nationale » lors-

Fig. 38. — Arrivée de la reine à l'Hôtel de Ville. (Fête de la naissance du Dauphin, 21 et 23 janvier 1782.)

que, trois jours après, La Fayette en eut pris le commandement. Aux termes de l'article 10, relatif à cette création, il
fut décidé que ses couleurs seraient celles de la Ville, et que
chaque garde, en conséquence, « porterait la cocarde bleue et
rouge. » Quelques jours plus tard, quand le roi l'eut portée

Fig. 39. — Supplice de Desrues, roué en place de Grève; d'après Bonnard.

N. B. Il est assisté, suivant l'usage, d'un docteur en Sorbonne.

on y ajouta le blanc qui était la couleur royale; et la cocarde tricolore, dont Paris avait fourni les deux tiers, se
trouva ainsi créée. L'article 2 assigna l'Hôtel de Ville pour
quartier général à la nouvelle milice.

La Bastille prise, son gouverneur, M. de Launay, avait
été amené, par la rue Sainte-Antoine, jusqu'à la Grève au
milieu de cris et de menaces, qui avaient redoublé, lors-

que, près de l'orme Saint-Gervais, celui qui conduisait l'escorte, frappé d'un coup de crosse sur la tête, avait dû abandonner le malheureux à la foule. Elle ne le traîna pas plus loin que le perron de l'Hôtel de Ville. Il y tomba, sans qu'on sût qui l'avait frappé, et le cuisinier Denot, qu'on prit longtemps pour un dragon, parce qu'il était coiffé d'un casque qu'il avait ramassé aux Tuileries, après la fameuse charge de M. de Lambesc, lui coupa la tête avec son couteau. Elle fut mise au bout d'une pique, et promenée sur la place, pendant que le major de la Bastille, M. de Losme-Salbray, était massacré sous l'arcade Saint-Jean et que deux canonniers du fort, traînés au coin de la place et de la rue de la Vannerie, y étaient pendus à la potence du réverbère.

Ce fut la sinistre inauguration de cette fameuse Lanterne que nous allons voir servir durant des semaines aux exécutions de la justice du peuple. Le coin où elle se trouvait regardait la porte même de l'Hôtel de Ville. On l'appelait *le coin du roi*, à cause d'un buste de Louis XIV placé là, nous avons dit à quelle époque, au-dessus même de la potence du réverbère, comme une enseigne pour l'épicier qui tenait boutique au-dessous.

Décrochée le 14 juillet, cette lanterne ne fut replacée que plus de quatre semaines après. Rabaut Saint-Étienne n'a, en effet, écrit qu'à la date du 19 août, dans sa *Table des principaux événements* accomplis alors : « Le fameux réverbère est remis à la branche de fer. »

Le prévôt des marchands, M. de Flesselles, y échappa,

mais sans pour cela éviter la mort. Convaincu de connivence avec le gouverneur de la Bastille (on avait trouvé sur
celui-ci un billet qui ne laissait à cet égard aucun doute),
il était entraîné au Palais-Royal pour y être jugé, et déjà

Fig. 40. — Place de Grève en 1778.

il avait traversé sans trop de danger la place de Grève,
lorsqu'au coin du quai Le Pelletier, un furieux, qu'on croit
être le bijoutier Morin, le tua d'un coup de pistolet tiré à
bout portant. D'autres prétendent qu'il fut tué sur le perron de l'Hôtel de Ville.

Foulon, intendant du commerce, qu'on accusait d'avoir proposé la banqueroute, et ri de la misère du peuple, en disant que, si le pain manquait, le foin était assez bon pour lui, fut, huit jours après, le 22 juillet, victime des exécutions à la lanterne. Arrêté près de Paris lorsqu'il tâchait de fuir, on le conduisit à l'Hôtel de Ville, où La Fayette et les électeurs mirent tout en œuvre pour le sauver. Les plus horribles menaces, même celles de brûler l'Hôtel n'y firent rien ; mais la grand'salle ayant été envahie, la foule qui ne pouvait douter de la présence de Foulon, car on avait été obligé, pour la calmer, de le lui montrer à l'une des fenêtres sur la Grève, s'empara du malheureux. Tout ce que La Fayette put obtenir fut la promesse qu'on le mènerait à la prison de l'Abbaye, afin qu'il y fût jugé.

« Il est jugé depuis trente ans » ! s'écrie une voix. Au même instant Foulon est saisi, traîné jusque sur la place de Grève et pendu au réverbère. A peine expiré, on lui coupe la tête; on lui met du foin dans la bouche : cet horrible trophée, placé au bout d'une pique, est promené dans les rues de Paris, et porté en triomphe au Palais-Royal.

En passant par la rue Saint-Martin, le cortège rencontra, entre Saint-Merry et la fontaine Maubuée, le gendre de Foulon, M. Berthier de Sauvigny, intendant de Paris, qui venait d'être arrêté, et qu'on menait en voiture à l'Hôtel de Ville pour qu'il y rendît compte de sa conduite. Il fut reconnu, et le peuple se donna l'horrible joie de lui présenter la tête de son beau-père.

Il vit ce qui, sans beaucoup tarder, l'attendait. Après
une courte halte à l'Hôtel de Ville et un semblant d'inter-
rogatoire sans résultat, que lui fit subir Bailly, qui, depuis la mort du prévôt Flesselles, avait pris sa place, avec
le titre nouveau de maire de Paris, le malheureux Berthier
fut, comme Foulon, envoyé à l'Abbaye, et, comme Foulon,
ne dépassa pas le coin du sinistre réverbère.

On voulut l'y attacher; mais si Foulon, avec ses soixante-
quatorze ans, n'avait pu se défendre, il put, lui, qui n'en
avait que quarante-sept, opposer une véritable résistance.
Arrivé sous la lanterne, il se jeta résolûment sur les
gens armés qui l'entouraient, s'empara d'un fusil, et s'en
servit si bien avec toute la force du désespoir, qu'il était
sur le point de se faire jour à travers la foule quand un
coup de pistolet le renversa. Un soldat lui ouvrit la poi-
trine d'un coup de sabre, et Denot, le cuisinier, qui se
trouvait là, comme pour de Launay, toujours coiffé de son
casque de dragon, lui arracha le cœur, et le porta tout sai-
gnant sur le bureau de l'assemblée de l'Hôtel de Ville : « Ce
spectacle, dit le procès-verbal, a répandu un sentiment
d'horreur. Quelques électeurs ont fait signe à cet homme de
sortir, et il s'est retiré suivi de la multitude qui poussait
des cris de joie! »

Un instant après, ce furent de nouvelles clameurs : on
apportait la tête de Berthier : l'homme qui la tenait au
bout d'une pique, était déjà sur l'escalier! « Nous avons,
écrit Bailly dans ses *Mémoires,* envoyé dire qu'on n'entrât
point, parce que l'Assemblée était occupée d'une délibé-

ration ; et ce triomphe atroce et cette joie barbare, se sont retirés. »

C'est par ce même escalier, que Louis XVI était monté à la grand'salle quelques jours auparavant, le 17 juillet, pour se faire imposer par le maire, devant la foule, à la fenêtre de l'Hôtel de Ville, la cocarde aux couleurs de Paris. C'est par là qu'il revint, moins de trois mois après, dans la célèbre journée du 6 octobre.

Quand il était venu, le 17 juillet, l'ombre de la royauté planait encore sur lui. On l'avait reçu en roi. Bailly, en sa qualité de maire, était allé l'attendre du côté de Chaillot, sur le même chemin qu'avait suivi Henri IV entrant dans Paris. Il lui avait présenté sur le plateau de vermeil, les mêmes clefs que le prévôt Langlois avait offertes au Béarnais le 22 mars 1594 ; et c'est donc en toute vérité qu'il avait pu dire au début de son discours : « Sire, j'apporte à Votre Majesté les clefs de sa bonne ville de Paris ; les mêmes qui ont été présentées à Henri IV. Il avait reconquis son peuple, ici le peuple a reconquis son roi. »

On aurait pu croire l'accord rétabli, mais il n'en était rien. Les soupçons ne tardèrent pas à renaître. Ils n'étaient que trop justifiés par l'attitude du roi et les intrigues de la cour.

Le 2 octobre, à Versailles, dans la salle du théâtre, en présence de Louis XVI et de Marie-Antoinette la cocarde tricolore fut foulée aux pieds pendant un repas donné chez les Gardes du Corps aux officiers de la garnison. A cette nouvelle, Paris s'émut. Des cris « à Versailles » se

firent entendre. D'ailleurs, le pain manquait; le peuple souffrait de la faim. Le 5 octobre, sur la place de Grève, à
l'Hôtel de Ville, même une émeute éclata.

La foule était surexcitée, et les bruits venus de Versailles entretenaient cette agitation. On parlait d'un complot

Fig. 41. — Assassinat de M. de Flesselles.

pour affamer la capitale. On décida de se porter à Versailles, mais il fallait des armes. On en demanda à la
Ville. Bailly, comme maire, et La Fayette devenu depuis
le 15 juillet, commandant en chef de la garde nationale,
refusèrent. Les postes furent forcés, les portes enfoncées,
les résistances vaines et l'Hôtel de Ville fut envahi.

Le magasin d'armes se trouvait sous les combles, près

du beffroi; la foule s'y précipita. L'abbé Lefebvre, qui était chargé de la garde de cet arsenal tenta de barrer le passage aux envahisseurs, mais il fut enlevé par eux, et pendu à une solive de la charpente. Survint un homme habillé en femme qui heureusement coupa la corde. Ces résistances avaient porté à son comble l'exaspération populaire.

Des femmes s'étaient mêlées à la foule qui croyait à la trahison de la municipalité. On vit des torches s'allumer. Un instant, on put craindre que l'Hôtel de Ville ne fut incendié.

Mais un citoyen nommé Maillart, qui s'était signalé à la prise de la Bastille, réussit à prévenir le danger. Sur son conseil, la foule, ramenée à la Grève, où elle se grossit de nouveaux arrivants, prit le chemin de Versailles.

Étrange cortège, plus bruyant que terrible, dans lequel on voyait des femmes à califourchon sur des pièces de canon et, fraternisant, hommes du peuple et gardes nationaux. Le lendemain, la foule ramenait Louis XVI et les siens (suivant l'expression naïvement populaire, le boulanger, la boulangère, le mitron) les conduisant jusqu'à l'Hôtel de Ville. S'il faut en croire *le Moniteur*, Marie-Antoinette ne put se défendre d'un certain trouble, en approchant de la Grève, mais lorsqu'elle fut entrée dans la grand'salle, où elle était montée sous une voûte de sabres et de piques croisés, son assurance lui revint. Dans son allocution au peuple, pour le roi, le maire Bailly dit : « Sa Majesté revient dans sa bonne ville de Paris, avec joie. — Ajoutez

« avec confiance, » dit la reine. Après quoi, Bailly de reprendre, s'adressant aux personnes qui l'entouraient : « Vous êtes plus heureux que si je l'avais dit moi-même. »

Marie-Antoinette en parlant de confiance, était-elle sincère? On peut en douter. C'est certainement sous l'empire des plus noirs pressentiments qu'elle avait quitté Versailles pour venir à Paris, au milieu d'une population longtemps trompée et justement soupçonneuse. Et pourtant, alors encore, entre la « bonne ville » et la royauté une réconciliation était possible. Mais Louis XVI était faible. Il avait des qualités d'homme privé, mais il restait sans force en face d'événements qu'il était également incapable de prévoir ou de diriger. Ajoutez à cela les intrigues déjà connues de la Cour au dedans et au dehors; l'émigration commencée.

Sur ces entrefaites, un philanthrope, le médecin Guillotin, membre de l'Assemblée Constituante imagina un nouvel instrument de supplice plus expéditif qui, de son nom, fut baptisé « guillotine ».

On en fit un premier essai, en place de Grève le 29 avril 1792. Il s'agissait d'un vulgaire assassin, Nicolas-Jacques Pelletier, qui avait, de nuit, assassiné et volé un passant dans la rue Bourbon-Villeneuve; or, quatre jours auparavant, le 21, on avait pu lire dans le 146° n° des *Révolutions de Paris* par Prud'homme : *Inscription proposée pour la guillotine :*

Et la garde qui veille aux barrières du Louvre
N'en défend pas les rois!

La guillotine remplaça la potence qui, jusqu'alors avait été le mode d'exécution généralement employé. Le 8 février 1790, les deux frères Agasse, condamnés par le Châtelet pour falsification d'effets royaux, avaient été pendus à la Grève, et le 19 du même mois M. le marquis de Favras, avait subi le même supplice. Ce dernier était accusé d'avoir conspiré avec le comte de Provence, voulu assassiner Necker, Bailly, Lafayette, et enrôlé le roi pour le mettre à la tête d'un mouvement contre-révolutionnaire.

Diverses circonstances rendaient cette accusation vraisemblable. Favras avait fait partie des gardes de Monsieur. Il avait contracté pour lui un emprunt. Sa fortune était compromise; il tentait de la refaire. Le comte de Provence, averti, se rendit à l'Hôtel de Ville. Il s'éleva fortement contre les imputations dont il était l'objet.

De son côté le marquis ne cessa de protester de son innocence, et ses juges étaient si peu éloignés d'y croire eux-mêmes, qu'ils le laissèrent plusieurs heures à l'Hôtel de Ville, dans l'espérance que sa grâce arriverait. On ne se décida à l'exécution que lorsque la nuit fut venue. Des lampions furent allumés partout sur la place; et c'est à cette sinistre lueur que Favras monta l'échelle fatale. Au dernier échelon il répétait encore qu'il était innocent, et le bourreau ému lui disait : « Criez plus fort, pour qu'ils vous entendent! » On ne l'entendit pas.

C'est du comité de recherches organisé à l'Hôtel de Ville,

depuis le 21 octobre qu'était parti l'avis qui mettait Favras

Fig. 42. — Le marquis de Pellepont, voulant arracher le major de la Bastille, M. de Losme-Salbray, des mains du peuple, est lui-même près d'expirer sous les coups de hache d'un furieux. 14 juillet 1789.

en suspicion, puis, l'ordre de l'arrêter et de le juger. Personne ne prit sa défense.

Il ne semble pas que Favras fût coupable. Rien ne put être prouvé, et ce fut sur des allégations vagues qu'il fut condamné et exécuté. Dans ses derniers moments, il montra la plus grande fermeté et sa fin fut des plus dignes.

La peur régnait, d'ailleurs, au comité des recherches. La peur! terrible conseillère. On craignait les menées royalistes, l'agitation contre-révolutionnaire. On craignait aussi les soulèvements de la foule comme celui qui avait éclaté en place de Grève, peu de jours après le retour du roi à Paris.

Le soupçon était partout : au sein du Comité qui, pour ne pas être taxé de faiblesse, était entraîné aux mesures extrêmes, et parmi la foule trop disposée à se croire trompée et trahie.

Le 21 octobre, le boulanger François, accusé de faire des accaparements de farine, avait été enlevé de sa boutique près de l'Archevêché, et mené au Comité de recherches de l'Hôtel de Ville, où, les preuves manquant contre lui, ordre de le remettre en liberté allait être donné, lorsque la foule, s'était ruée sur les gardes, avait forcé les portes, et entraîné le malheureux jusqu'à la terrible lanterne, dont on ne le détachait bientôt que pour décapiter son cadavre.

Il y eut à l'Hôtel de Ville une telle frayeur, jointe à un si profond sentiment de l'impuissance où se trouvait la loi devant de pareils actes, qu'une députation en partit aussitôt pour aller supplier l'Assemblée nationale de décréter quelque suprême mesure, assurant des garanties à la sûreté de Paris, dont il était désormais impossible de répondre. Comme l'Assemblée siégeait alors à l'Archevêché, près de Notre-Dame, la députation en revint bientôt; elle rapportait un décret voté, séance tenante, qui établissait *la loi martiale*, en vertu de laquelle tout officier municipal, après trois sommations à la foule, aurait le droit d'ordonner de faire feu. Il devrait être précédé du drapeau rouge, qui, en même temps, serait déployé à l'une des fenêtres de l'Hôtel de Ville, où il flotterait jusqu'à ce que le rétablissement de l'ordre permît d'arborer à sa place pendant huit jours le drapeau blanc, en signe de pacification.

N'est-ce pas un fait étrange que ce même drapeau rouge, créé ainsi contre l'émeute, soit devenu ensuite l'emblème de presque toutes les insurrections!

Moins d'un an après, le 17 juillet 1790, il était arboré au nom de l'ordre, sur la façade de l'Hôtel de Ville. Des rassemblements s'étaient formés au Champ de Mars. Ils furent facilement dissipés. Cette fois, on eût été prêt, à l'Hôtel de Ville, pour repousser la force par la force. Il n'en fut pas de même deux ans plus tard. Au 20 juin 1792, les Tuileries furent envahies sans que le maire Pétion eût pris des mesures pour tenir tête à l'émeute.

A cette époque, la municipalité était réellement constituée. La loi du 21 mai 1790 l'avait organisée. Elle se composait du maire, de seize administrateurs, formant le Bureau de la Ville, et de trente-deux conseillers municipaux. Dans les affaires délicates ou difficiles on s'adjoignait quatre-vingt-seize notables, et le *conseil municipal* devenait alors *conseil général*. Parallèlement à ce pouvoir, il y en avait un autre, le *directoire du département* qu'on pourrait assimiler à la *préfecture de la Seine*, chargé de l'administration de Paris et du département sous le double contrôle du conseil municipal ou du conseil général. Il eût été désirable, pour la bonne marche des affaires que ces autorités différentes, fussent toutes groupées à l'Hôtel de Ville. Or, il n'en était rien. Le maire, après avoir habité quelque temps à l'hôtel de la rue des Capucines, logeait au fond de la rue de Jérusalem, dans l'hôtel des anciens présidents du parlement, devenu depuis la Préfecture de police ; le *directoire du département* siégeait rue du Dauphin, à l'hôtel de Breteuil ; la Commune seule, *conseil municipal* ou *conseil général*, tenait ses séances à l'Hôtel de Ville.

Le 20 juin, des ordres vinrent du directoire du département, présidé par le duc de la Rochefoucauld d'Amville, pour qu'on avisât dans le conseil de l'Hôtel de Ville aux moyens d'empêcher une manifestation en armes, préparée dans les faubourgs, sous prétexte de célébrer l'anniversaire du serment du Jeu de Paume. Le but, en réalité, était tout autre. Il s'agissait de briser la résistance du roi qui persistait à opposer son veto à deux lois votées par l'Assemblée législative ; l'une, contre les prêtres réfractaires, l'autre, en vue de la formation d'un camp de 20.000 hommes sous les murs de Paris.

Pétion, qui depuis le 14 novembre précédent avait remplacé Bailly comme maire de Paris, promit l'intervention

Fig. 43. — Exécution de Foulon, 22 juillet 1789.

de la garde nationale, qu'un article de la loi du 21 mai mettait à la disposition de la Commune. Il la fit intervenir en effet, mais au lieu d'empêcher la manifestation elle s'y associa. On sait la suite. Les Tuileries furent prises d'assaut; et l'Assemblée, sous la pression de la foule, qui l'avait aussi envahie, se vit forcée d'entendre des paroles, dont la violence l'atteignait presque autant que le roi. C'est Huguenin, ancien commis de barrière, chef de la section des Quinze-Vingts, la plus révolutionnaire de toutes, qui les avait prononcées, au nom du faubourg Saint-Antoine.

Et pourtant, dans cette journée du 20 juin, parmi la foule des manifestants, on entendit encore, mais plus rares, ces cris : « On le trompe. » Peut-être, s'il l'eût sincèrement voulu, le roi eût-il pu dissiper les défiances, et ramener le peuple à lui. Mais il s'obstinait dans une résistance sans issue.

Le maire de Paris, Pétion, eut, dans la soirée du 20 juin, une altercation des plus vives avec le roi qui le rendit responsable de la manifestation de la journée. Il est certain, d'ailleurs, que s'il ne la prépara pas, il ne fit rien non plus pour l'empêcher de se produire.

Pétion était républicain. A la *Constituante* dont il faisait partie, il était même le seul député dont les opinions républicaines se fussent nettement révélées. C'est ainsi que s'explique l'indécision dont il avait fait preuve, placé qu'il était entre les devoirs de sa charge, et sa répugnance à défendre un régime qu'il condamnait. Le directoire du département le suspendit de ses fonctions et le roi confirma cette mesure qui fut rapportée par l'Assemblée législative.

La suspension de Pétion fut une faute; le retrait de la mesure en fut une autre, plus grave même en ce sens qu'elle était un encouragement aux manifestations nouvelles qui se préparaient. Quoi qu'il en soit, Pétion, dès qu'il eût repris ses fonctions, parut vouloir organiser la défense.

Il remit à M. de Mandat, qui depuis quelques jours commandait en chef la garde nationale, l'ordre de couvrir les Tuileries, et de repousser la force par la force. Sur ces entrefaites, le faubourg avait proclamé l'insurrection, et Huguenin suivi des représentants de vingt-huit sections, descendait vers l'Hôtel de Ville.

Huguenin y arrive, en effet, dans la nuit même, celle du 9 au 10 août, entre une heure et deux heures. La Commune, constituée en conseil général, y siégeait dans la grand'salle. Il s'installe dans la salle à côté, avec les représentants des sections qui l'ont suivi.

Parmi ces derniers se trouvent le cordonnier Simon, qui sera plus tard chargé de la garde du Dauphin au Temple, et Hébert, le « *Père Duchesne* », qui deviendra substitut du procureur de la Commune.

Jusqu'à cinq heures du matin, deux Communes siègent ainsi côte à côte, l'une, représentant l'insurrection, soutenue par la foule qui l'acclame; l'autre, la Commune légale, qui, malgré l'énergie de son président Cousin, et d'un secrétaire, le jeune Royer-Collard, cède, recule, impuissante à ranimer les courages défaillants et à faire tête à l'orage.

Situation vraiment étrange à laquelle est réservée un dénouement tragique. M. de Mandat a été appelé à l'Hôtel de

Fig. 44. — Louis XVI se montre à l'une des fenêtres de la grand'salle de l'Hôtel de Ville
la cocarde nationale au chapeau, 17 juillet 1789.

Ville, pour expliquer les mesures de résistance qu'il a
prises. Il arrive, déjà inquiet, car il a entendu le peuple

sur la place, et vu que le poste mis par lui à l'arcade Saint-Jean est emporté; il monte à la grand'salle, où l'attend le conseil général de la vraie Commune. Les explications qu'il donne, et qui prouvent que ses ordres n'ont été que la conséquence de celui qu'il a reçu lui-même de Pétion le maire, sont favorablement accueillies. Il sort, et se croit libre de retourner à son commandement des Tuileries, lorsqu'il est arrêté. L'autre Commune le réclame; on l'y entraîne, et il renouvelle, devant Huguenin et ceux qui l'entourent, ses explications. L'effet n'en est plus le même : il est violemment blâmé de ce qu'il a fait, et, au milieu des huées de la foule, qui de plus en plus encombre la salle, il est cassé de son commandement que le brasseur Santerre prend aussitôt à sa place. On somme M. de Mandat d'ordonner à la moitié des troupes en armes autour des Tuileries, de se retirer. Il s'y refuse. Il est alors pressé, menacé, fouillé; quelques lignes trouvées sur lui par lesquelles il commandait au chef de bataillon de service à l'Hôtel de Ville de dissiper la colonne d'attroupement qui menacerait de marcher sur le château, achèvent de le perdre.

Le conseil général, qui, de la salle à côté, suit ces péripéties, le redemande en vain pour le sauver. Huguenin refuse, et dévoile hautement ses projets. Il déclare en son nom et au nom des autres commissaires, que lorsque le peuple se met en état d'insurrection, il retire tous les pouvoirs; que, dès lors, le conseil n'est plus rien, et qu'eux seuls sont tout, puisqu'ils représentent le peuple souverain.

Il n'y avait plus qu'à proclamer la déchéance de la Commune légale, ce qui fut fait. On ne conserva que deux membres, et le maire, Pétion.

Dans l'intervalle, M. de Mandat avait été conduit dans la prison de l'Hôtel de Ville, et enfermé à la « *Charbonnière,* » ainsi appelée parce qu'elle servait autrefois de cachot aux voleurs pris sur le fait au port au charbon et sur les autres ports. On ne l'y laissa que le temps de dissoudre le conseil général qui le défendait, c'est-à-dire une demi-heure au plus. Huguenin avait décidé de le faire conduire à la prison de l'Abbaye, « pour sa plus grande sûreté, » ce qui, on va le voir, n'était qu'une odieuse ironie. A peine, en effet, M. de Mandat était-il arrivé au haut des degrés qui descendent à la Grève, qu'il était renversé par un coup de pistolet à bout portant, et achevé à coups de piques et de sabres. Son fils, qui l'avait suivi, sans pouvoir le défendre, supplia pour qu'au moins on lui laissât son corps; il ne fut pas écouté. Le cadavre fut jeté à la Seine.

Ce lâche assassinat paralysa la défense. Le désarroi se mit dans les bataillons de la garde nationale accourus à l'appel de l'infortuné Mandat. Les uns parurent favorables au roi; d'autres, en plus grand nombre, prirent le parti de l'insurrection. La royauté était perdue. L'Assemblée législative, discréditée, était hors d'état de réagir contre la Commune qui s'était emparée de l'Hôtel de Ville.

Huguenin n'était qu'un comparse; il passa à l'arrière-plan. Il fit place à Marat, sorti de sa cave dès le 10 août, et porté triomphalement à l'Hôtel de Ville, et à Robespierre, resté jusqu'alors à l'écart soit par prudence, soit par calcul

et qui, à peine entré dans la place, y exerça une véritable
dictature.

Le mot connu d'Anacharsis Clootz : « Paris, dans les
grandes journées révolutionnaires, est tout entier une
Constituante, » se justifiait par les événements. Paris s'était
substitué à la royauté, et, pour diriger la révolution il
fallait être maître de l'Hôtel de Ville. Robespierre le comprit. Il y parut moins que Marat, qui n'en sortit presque
plus et s'y fit même décréter, le 23 août, une tribune pour
lui et le sténographe de son journal dans la grande salle, devenue celle des séances; mais, plus invisible, Robespierre
n'y fut que plus présent et plus actif. C'est de là, et du
club des Jacobins, qu'il sapa les dernières bases de la Législative, dont il ne faisait pas partie, et qu'il prépara celles
de la Convention, dont il voulait être.

A côté du Conseil de la Commune, siégeait un comité de
surveillance recruté parmi les membres du Conseil, sorte
de comité central, aidé dans sa tâche par des comités par-
ticuliers organisés dans les différentes sections.

Il n'est pas d'exigences que la Commune, sous sa pression, n'ait imposées à l'Assemblée agonisante. Le directoire
du département avait été cassé comme trop royaliste; l'Assemblée en voulut constituer un nouveau. La Commune
lui fit dire qu'elle désirait s'en passer, et être elle-même
tout à la fois municipalité et département, mairie et préfecture; l'Assemblée se soumit. La Commune avait la police dans ses attributions, mais elle se plaignait de l'insuffisance de ses ressources. L'Assemblée lui vota un million

par mois! Elle voulut disposer de la poste; on la lui laissa, ce qui lui permit de s'en servir pour les besoins de la police. On ne fut plus garanti du secret des lettres. Elle prétendit également avoir les théâtres dans ses attributions, on les lui accorda encore, au point même que, pendant

Fig. 45. — À Versailles! à Versailles!

quelque temps, l'Opéra, se trouvant sans directeur, eut sa direction à l'Hôtel de Ville!

La Commune disposait enfin du droit de censure et elle se montrait peu tolérante, témoin le refus opposé à la représentation de « l'Ami des Lois », pièce de Laya, malgré la Convention et le maire Chambon qui étaient d'un avis contraire. Il est vrai que Marat et Robespierre y étaient attaqués. La Commune était donc souveraine. On pouvait se demander en vertu de quel droit. Huguenin fut mandé à la barre de l'Assemblée, afin de donner des explications. Il ne vint pas. Une seconde sommation resta de même sans réponse.

L'Assemblée perdit patience. Tout abattue qu'elle fût, elle trouva assez de force pour voter un décret qui sommait la Commune de justifier l'origine de ce qu'elle appelait ses droits. Nouveau silence, et l'Assemblée n'eut qu'à rapporter son décret inutile. C'est ce qu'elle fit, mais en se ravisant aussitôt par un moyen d'une assez adroite vigueur. Le 30 août, elle décréta que les sections seraient convoquées pour élire une Commune nouvelle dans les vingt-quatre heures. N'osant supprimer l'autre, elle la déclarait morte, en ouvrant sa succession. Mais la Commune était résolue à tout. La situation était critique. Le 26 août, la ville de Longwy était tombée aux mains des Prussiens. Cette nouvelle avait causé à Paris une émotion considérable. On crut à une vaste trahison. A la Commune, à l'Assemblée, Danton poussa aux mesures extrêmes. « Nous sommes exposés à deux feux, s'écriait-il, l'un, de l'ennemi du dehors, l'autre, de l'ennemi de dedans. Il faut faire peur aux royalistes. »

Faut-il, de là, conclure à la complicité du grand tribun dans les massacres des journées de Septembre? Ministre, au courant de ce qui se passait au comité de surveillance de l'Hôtel de Ville, il aurait dû tout prévoir; il aurait pu tout empêcher. Page équivoque dans la vie d'un homme, d'ailleurs sensible, sans animosité, sans haine contre ses

propres ennemis, et dont l'existence agitée devait se dé-
nouer si honorablement.

La Commune répondit au décret de l'Assemblée par les
massacres de Septembre. Il n'est plus douteux aujourd'hui
que c'est elle qui prépara ces lamentables journées et sou-
doya les exécuteurs. A Marat, le principal inspirateur, il
faut ajouter Panis et Sergent déjà mêlés aux émeutes des
20 juin et 18 août, et d'autres comme Jourdeuil, Lefort et
Lenfant. L'absence de la garde nationale, que la Commune
seule avait le droit de requérir, et qu'elle n'appela pas,
trop sûre, comme l'a dit Mercier, qu'elle se serait levée en
masse contre les assassins, suffirait à prouver sa part dans
ce crime, où elle fut coupable et par ce qu'elle fit et par
ce qu'elle ne fit pas. Tout s'exécuta sur les ordres de ce bureau des suspects, que Marat présidait, qu'elle avait appelé *comité de surveillance*, et que Michelet nomme plus
justement « le Directoire des massacres ». Les Marseillais,
qui l'avaient aidée pour le 10 août, furent ses hommes. On
leur donnait trente sous par jour. Les travailleurs s'étant
plaints que le salaire n'était pas suffisant pour un pareil
travail, on l'augmenta à l'aide des fonds pris sur la caisse
de la Fédération et des produits de la vente des effets des
victimes. Maillard, qui dirigea l'horrible besogne bénéficia
d'une haute paye. Il existait aux archives de l'ancienne
mairie, sur le registre du *comité de surveillance de la
Commune*, cette mention d'un euphémisme effrayant : « Il
a été remis au citoyen Maillard deux cent soixante-cinq
livres pour frais faits à l'Abbaye. »

La tâche achevée, c'est à l'Hôtel de Ville qu'on en venait rendre compte. Robespierre présidait; il n'avait pas voulu, dans un pareil moment, laisser à d'autres qu'à lui la direction de la Commune. Mme de Staël, qu'on y avait amenée pour se justifier de son départ de Paris, vit Robespierre sur l'estrade de la grand'salle, avec les deux secrétaires Collot d'Herbois et Billaud-Varennes, et avec Manuel, qui aida à la sauver, en lui donnant pour refuge, en attendant un passeport, son appartement de procureur de la Commune : « La fenêtre de l'appartement de Manuel donnait, dit-elle, sur la place de Grève, et nous voyions les assassins revenir des prisons avec les bras nus et sanglants, et poussant des cris horribles. » C'était le prélude de la Terreur.

L'Assemblée législative aurait dû s'interposer entre les meurtriers et les victimes; elle gémit, s'indigna et ce fut là tout. Un seul homme fit résolument son devoir et le fit jusqu'au bout; ce fut Roland, l'ancien ministre de l'Intérieur qui protesta contre les usurpations de la Commune et flétrit les odieuses journées de Septembre.

Par ces massacres, Marat avait voulu inspirer l'effroi. Il ne réussit que trop. L'Assemblée législative laissa inexécuté le décret qui convoquait les électeurs pour la nomination d'une commune nouvelle. Il avait voulu plus encore : effrayer d'avance la Convention dont les élections se préparaient. Il ne s'en était pas caché, d'ailleurs, le 30 août, trois jours avant les massacres, dans un conciliabule secret à l'archevêché. Il fallait, avait-il dit, frapper un coup ca-

pable de faire trembler devant la Commune de Paris cette
assemblée, même avant qu'elle existât.

C'est dans le même but, pour exercer une pression sur
les élections dans les départements, que tous les courriers

Fig. 46. — Statue de Louis XIV renversée; journées des 11, 12 et 13 août 1792.

de la poste, furent mis en campagne avec une circulaire
signée des principaux membres de la Commune et contre-
signée de Danton, ministre de la Justice, circulaire dans
laquelle les massacres qui n'avaient, d'ailleurs, frappé que
« des conspirateurs féroces, détenus dans les prisons, »
étaient présentés comme « un acte de justice indispensable... un moyen nécessaire de salut public, que la nation

entière devait s'empresser d'adopter ». Et ce document se terminait ainsi : « Tous les Français se diront comme les Parisiens : nous marchons à l'ennemi et nous ne laissons pas derrière nous des brigands pour égorger nos femmes et nos enfants. »

Ajoutez que des commissaires de la Commune avaient été envoyés dans les départements pour y éclairer le peuple, et prendre les mesures qui leur conviendraient : arrestations, mises en jugement arbitraires, destitution des pouvoirs élus, etc., etc.

Avant de clore ses séances, le 20 septembre, l'Assemblée législative voulut faire acte de vigueur. Elle défendit par décret et sous peine de mort, de faire sonner le tocsin sans l'ordre du Corps législatif, partout où ce corps siègerait; et d'armer à Paris aucune autre troupe que la garde nationale. Un article portait répression de ces arrestations arbitraires, dont la Commune avait si souvent abusé; un autre, exclusion des étrangers, Allemands, Polonais ou Belges, qui pourraient s'y glisser; enfin, ce qui était plus important, sa dissolution immédiate suivie d'élections qui la reconstitueraient régulièrement s'y trouvait de nouveau décrétée.

On en tint aussi peu de compte, à l'Hôtel de Ville, que du décret du 30 août, qui avait déjà ordonné cette dissolution; on s'y émut davantage des accusations que, dès le 25 septembre, la nouvelle assemblée, la Convention, formula contre la Commune à propos des massacres. Elle voulut bien, cette fois, s'expliquer, tant sa responsabilité était lourde et l'accusation pressante. Chaumette vint, en son nom, faire des aveux, qui ne furent qu'une lâcheté : il sacrifia le comité de surveillance, d'où était, dit-il, venu tout le mal, comité qu'elle avait déjà destitué en partie, et dont elle abandonnait le reste à l'Assemblée. Dans ce reste était Marat qu'elle savait bien ne rien craindre.

A cette même séance du 25 septembre, un des jeunes chefs de ce parti des Girondins, qui déjà se préparait à prendre en main la majorité de l'assemblée nouvelle, Barbaroux, se lança, avec toute l'impétuosité de sa verve marseillaise, contre la souveraineté qu'on s'arrogeait à l'Hôtel de Ville, et qui n'était pas moins qu'une permanente usurpation contre les droits de la Convention. Tout ce qu'avait fait, tout ce que voulait la Commune fut affirmé par lui avec la plus admirable justesse d'indignation. Quelqu'un avait nié qu'il y eût contre l'Assemblée aucun danger de dictature; c'est alors qu'il s'était levé, et que dénonçant Paris, montrant de loin l'Hôtel de Ville, il s'était écrié : « Vous dites que le projet de dictature n'existe pas, et je vois dans Paris une Commune désorganisatrice qui envoie des commissaires dans toutes les parties de la République pour commander aux autres communes... qui leur écrit de se coaliser avec elle, d'approuver tout ce qu'elle a fait, de reconnaître en elle la réunion des pouvoirs! »

La lutte éclata entre l'Assemblée et la Commune. Pour se mettre à l'abri d'un coup de main, la Convention était sur le point de décréter l'organisation d'un corps de 5.000 hommes qui serait chargé de sa défense, lorsqu'elle reçut de la Commune une adresse lui rappelant qu'aux termes du dernier décret de l'Assemblée législative et de la loi du 21 mai 1792, il ne devait y avoir à Paris qu'une seule force armée, la garde nationale, et que cette force était à la disposition exclusive des pouvoirs de l'Hôtel de Ville. La Convention riposta par une série de décrets dont l'une mettait la Commune en demeure de rendre ses comptes. Chaumette vint de nouveau faire des aveux, il convint qu'il y avait eu souvent prévarications, vols, etc., dans l'administration municipale, mais s'en tint là : il avoua tout, mais la Commune ne rendit rien.

D'autres mesures furent prises. Le directoire du département fut rétabli dans tous ses droits. On décréta l'élargissement de toutes les personnes arrêtées, sans mandat régulier, et la réélection de tous les corps administratifs.

Il fut décidé, en outre, que les élections du maire, de la municipalité et du conseil général se feraient non à haute voix, mais au vote secret. Le 2 décembre, après quatre mois d'usurpation, la Commune résigna les pouvoirs qu'elle s'était donnés, entre les mains d'une Commune nouvelle, vraiment légale, puisqu'elle était sortie des élections; moins absorbante, puisqu'elle consentit à laisser reconstituer ce directoire du département que l'autre avait, pour ainsi dire, annihilé, mais d'un esprit pourtant avancé et qui comptait parmi ses membres Hébert, Chaumette et Lhuillier, ce dernier tout dévoué à Robespierre.

C'est la Commune du 10 août qui avait arraché à la Législative l'ordre d'arrêter le roi avec toute sa famille; qui

l'avait ensuite fait enfermer au Temple et non au Luxembourg, comme on l'avait décidé d'abord. C'est elle qui
avait délégué un de ses membres, l'odieux Simon, à la

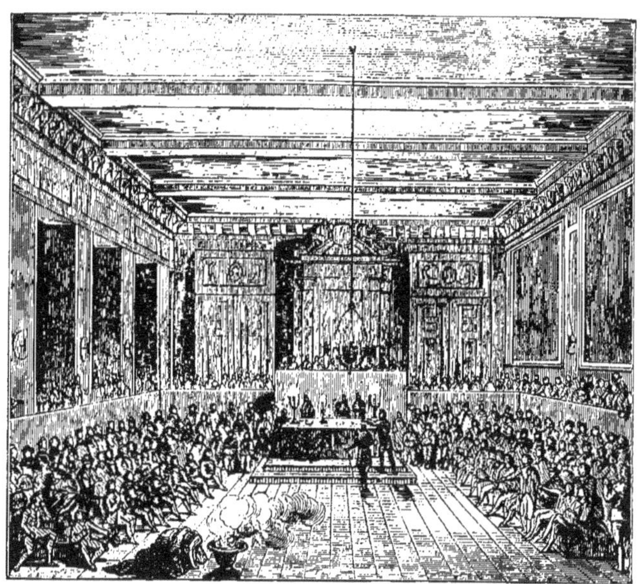

Fig. 47. — Séance de la Commune.

garde du Dauphin; et qui, depuis, n'avait cessé de demander qu'on condamnât Louis XVI.

La mise en jugement du roi était décrétée depuis le
7 novembre. La nouvelle Commune à peine installée insista
pour qu'il y fût donné suite. Le 2 décembre, il arriva de
l'Hôtel de Ville à l'Assemblée une députation qui venait

presser le jugement de Louis XVI, au nom du conseil général. Neuf jours après, Louis XVI comparaissait à la barre de la Convention; le 15 janvier, il était déclaré coupable; le 19, il était condamné sans sursis, et le 21 exécuté.

La Commune eut sa part de toutes les péripéties du drame. C'est le nouveau maire de Paris, Chambon, qui accompagna Louis XVI à la Convention chaque fois qu'il y comparut; qui assista à la lecture qui lui fut faite de son arrêt de mort, au Temple, et qui prêta sa voiture pour qu'on le conduisît au supplice. L'administration de Chambon fut de courte durée. Il se démit de ses fonctions le 2 février.

La situation devenait chaque jour plus tendue entre la Commune et la Convention, la première soutenant Marat, la seconde, par l'organe véhément de Guadet, le mettant en accusation.

Ajoutez que les sections agissaient constamment sur la Commune, la poussant aux mesures les plus énergiques, à épurer la Convention ou même à se substituer à elle. Les Jacobins, les sections de l'Évêché, de Bonne-Nouvelle, de la Halle aux blés, les Cordeliers, lançaient les motions les plus incendiaires. C'est à leur instigation que la Commune adressa aux départements une dénonciation violente contre 22 Girondins, accusés d'être les amis et complices de Dumouriez, qui venait de passer à l'ennemi. La même dénonciation fut adressée à la Convention qui n'en tint aucun compte. Celle-ci était, d'ailleurs, résolue à

s'affranchir d'un joug trop longtemps subi. Au besoin,
comme le proposa Mazuyer, le 1er mai, après une pétition
incendiaire du faubourg Saint-Antoine, on la verrait
constituer en Assemblée d'expectative, à Tours ou à
Bourges, ses députés suppléants, pour qu'ils fussent prêts
à se saisir de l'autorité dans le cas où la Commune de
Paris, ayant anéanti la Convention, voudrait, une fois de
plus, usurper les pouvoirs.

Buzot et Guadet, en d'autres séances du même temps,
et sous les mêmes menaces de l'Hôtel de Ville et du faubourg, furent d'une énergie encore plus décisive. « Il est
impossible, s'écria Buzot, que Paris, s'il demeure organisé
ainsi qu'il l'est aujourd'hui, demeure longtemps le séjour du
Corps législatif. » Faisant allusion ensuite à Washington,
cette ville exclusivement parlementaire des États-Unis, il
ajouta : Souvenez-vous qu'un État, qui nous sert d'exemple
en matière de liberté, a fait bâtir une ville exprès pour
être dépositaire de la représentation nationale. » Guadet,
lui, ne voulait pas qu'on tardât même d'une semaine pour
enlever l'Assemblée de ce foyer parisien où la Commune
entretenait l'incendie : « Je demande, s'écria-t-il, que la
Convention décrète qu'elle tiendra lundi sa séance à Versailles. »

Singulier rapprochement à faire entre cette proposition
et la décision prise par l'Assemblée nationale, en 1871, à
l'issue de la Commune, de tenir ses séances à Versailles !

Une autre fois, Guadet supplia l'Assemblée d'user de ses
pouvoirs pour faire place nette à l'Hôtel de Ville, en y sup-

primant pour les reconstituer les autorités municipales.

Au lieu de ces mesures, qui auraient pu avoir un excellent effet si la Convention, reconstituant les pouvoirs de l'Hôtel de Ville, les eût désarmés, et avait gardé pour elle seule le droit de requérir la force, on n'avisa qu'à des demi-moyens. C'est ainsi qu'on créa une Commission dite des Douze, chargée d'examiner, pour en faire au plus tôt l'objet d'un rapport, les actes et les arrêtés de la Commune. C'était certes le moins qui pût être fait contre elle; elle cria comme si on l'eût dissoute, tant elle avait conscience des responsabilités qu'elle avait encourues. Hébert, son procureur-syndic, lança dans le 239ᵉ numéro du *Père Duchêne*, la diatribe la plus vive contre la commission. Il fut arrêté. Devant cet acte inattendu d'audace girondine, la Commune se leva en masse. Une députation des plus menaçantes vint, en son nom, exiger de l'Assemblée la mise en liberté de « son digne magistrat ».

Isnard présidait. Il voulut rendre menace pour menace, mais il dépassa le but. « Si par des insurrections toujours renaissantes, il arrivait, cria-t-il, qu'on portât atteinte à la représentation nationale, je vous le déclare au nom de la France entière, Paris éprouverait la vengeance de la France et serait rayé de la liste des cités! » Prédiction sinistre qui devait tourner à la confusion de l'Assemblée et au triomphe de la Commune!

On était le 25 mai; huit jours après, la Convention était envahie, chassée de la salle des séances, ou prisonnière de la Commune, et il n'y avait d'anéanti que le parti girondin!

L'Assemblée avait des alternatives de fermeté et de faiblesse qui la déconsidéraient sans la sauver. Elle céda un instant sous la pression de l'Hôtel de Ville, supprima la commission des Douze, mit en liberté Hébert; puis, se ravisant, sur une motion de Lanjuinais, elle rétablit sa commission et décida que le rapport qu'elle avait préparé serait lu sans retard.

L'insurrection couvait à trois foyers : à l'Hôtel de Ville, où l'on tenait à portée, pour les faire agir, le moment venu, trente canons, et douze mille volontaires recrutés et entretenus aux frais des riches, avec le but avoué de les envoyer en Vendée, mais l'intention secrète de les lancer contre la Convention; aux Jacobins, où, sous l'inspiration de Lhuillier, et avec l'appui du département, on préparait depuis longtemps « une insurrection morale » — c'était leur mot — pour échauffer l'action de la Commune; enfin, au club de l'Évêché, où le parti des violents voulait massacrer les vingt-deux de la Gironde, ainsi que les douze de la commission; et, faute de mieux, exiger qu'on le laissât se fondre dans la Commune, pour la retremper de son énergie et doubler les ressources de l'attaque.

Le 31 mai, à six heures du matin, du club de l'Évêché arrivèrent à l'Hôtel de Ville, quarante-six commissaires des sections, conduits par un nommé Dobsent, et l'Espagnol Guzman, qui, au nom du peuple, déclarèrent la Commune dissoute. Même façon de procéder qu'au 10 août, avec une variante toutefois. A peine supprimée, la Commune cette fois fut reconstituée avec ses anciens membres, auxquels s'adjoignirent naturellement les nouveaux venus.

L'insurrection est donc de nouveau maîtresse de l'Hôtel de Ville. La Convention ne peut que combattre cette Commune qui s'est nommée elle-même, et qui, d'ailleurs, se proclame bien haut indépendante de l'Assemblée : Lorsque ses membres, déclare-t-elle, ne tenaient leurs droits que de l'élection, ils étaient simplement les magistrats de Paris ; maintenant qu'ils se sont reconstitués au nom de la majorité des sections, munies des pouvoirs illimités du peuple, ils ne sont pas moins que le peuple souverain lui-même !

Dans le milieu de la journée tout changea encore. Les Jacobins de « l'insurrection morale », furieux d'avoir été devancés dans ce remaniement de la Commune, arrivèrent à leur tour, y demandant une place. On hésitait, ils la prirent ; et forts qu'ils étaient de l'appui du département, ainsi que de la connivence secrète du comité de salut public, ils se la firent si large, qu'elle absorba presque aussitôt les autres. Trois jours après, ils étaient seuls maîtres. Les gens de l'Évêché avaient disparu de la Commune. On avait invoqué, pour justifier leur exclusion, le décret du 20 septembre. Ce décret excluait les étrangers de la Commune ; or, parmi les nouveaux membres que le club de l'Évêché avait imposés à la commune, se trouvaient l'Autrichien Proly, les Belges Dubuisson et Pereira, l'Espa-

gnol Guzman, etc.; c'était trop, on les expulsa, celui-ci
en tête, et avec eux le reste, dont ils étaient les meneurs.
Guzman réclama, s'indigna, et fut arrêté : « Un des
deux partis de l'insurrection, dit Michelet, emprisonnait
l'autre! »

C'était le parti le moins violent qui l'emportait. Un accord
aurait pu se faire entre la Convention et lui, et, par suite,
l'ordre se rétablir; une volonté empêcha tout, celle de
Robespierre, dont ce mouvement favorisait les desseins à
l'égard de la Gironde. Il en profita, laissant sa fameuse
« insurrection morale » s'armer des ressources et bénéfi-
cier de l'action de l'insurrection précédente. Tout marcha
donc comme si les violents de l'Évêché dominaient encore
à la Commune.

Dès le 31, on entend le canon d'alarme, le bruit du
tocsin que Marat est allé sonner lui-même à l'Hôtel de
Ville. Dans la nuit du 2 juin quatre-vingt mille hommes
se rangent autour de la Convention, la plupart, l'arme au
bras.

Parmi eux : les « patriotes » des faubourgs; les « volontaires » dont l'envoi en Vendée a été retardé et que
commande Henriot. Ajoutez à cela 163 bouches à feu, des
canons, des grils, des boulets, des mèches allumées, tout
un appareil militaire de nature à effrayer les timides, et
à entraîner les hésitants. A peine, dans cette masse, quelques milliers d'hommes manifestement hostiles, soudoyés
ou fanatiques. Le danger est extrême, la Convention est
sérieusement menacée.

Tous les députés sont à leurs bancs, sauf les députés de la Gironde proscrits. Barbaroux seul assiste à la séance. Quel spectacle ! L'Assemblée inquiète sous la menace du dehors ; la clameur de la foule, les cris : « Aux armes ! aux armes ! » dans la salle même, les hurlements des tribunes.

Lanjuinais demande la parole. Au milieu de la salle envahie, il fait un dernier appel à l'énergie de l'Assemblée : « Jusqu'ici vous avez tout souffert ; vous avez sanctionné tout ce qu'on a exigé de vous. Cassez la municipalité, cassez les comités, punissez les conspirateurs, reprenez l'autorité qui vous appartient ou tout est perdu. »

C'est le contraire que décrète la Convention. Au lieu de supprimer la Commune, elle proscrit ceux dont la Commune lui demande la proscription ! Couthon lui fait voter, sous la dictée de Marat, qui lit les noms un à un, l'arrestation des vingt-deux de la Gironde, et des douze de la Commission. L'Assemblée ne recouvre sa liberté qu'à ce prix ; ce n'est qu'après ce vote qu'un ordre venu de l'Hôtel de Ville lève la consigne, comme dit l'huissier, qui rouvre la porte de la salle des séances !

Cette honte dépassait en avilissement celle qu'avait subie la Législative au 10 août. La Convention prépara sa revanche qui fut, un peu plus d'un an après, la journée du 9 thermidor (27 juillet 94). Les comités révolutionnaires, tout dévoués à la Montagne, qui, le 2 juin, avaient été les complices de la Commune contre la Gironde, à tel point que nous avons tout à l'heure entendu Lanjuinais les dénoncer avec elle : le *comité de sûreté générale,* et plus encore le *comité de salut public,* en furent les instruments.

Une seule fois, le 4 septembre suivant, la Commune eut encore le dessus. Les bandes du faubourg, descendant la rue Saint-Antoine et l'arcade Saint-Jean, avaient envahi la Grève et l'Hôtel de Ville même, et pénétré jusqu'à la grand'salle. Par une pétition écrite sur la place, et qu'apportait un des chefs du mouvement, on demandait à la Commune qu'elle donnât du pain, et qu'elle exigeât de la Convention ces décrets de répression contre les conspirateurs, qu'elle promettait depuis trop longtemps, et qu'on irait lui arracher si elle tardait encore.

Chaumette, qui était le favori de cette foule, à laquelle il donnait chaque jour audience dans la salle Saint-Jean; et son substitut Hébert, qui n'en était pas moins aimé, car il avait, nous dit Mercier, « ses portefaix, ses tricoteuses, ses harpies à gages, dans les tribunes de l'Hôtel de Ville, » eurent bientôt calmé l'émeute. Ils promirent que la Commune ferait avant peu établir cinquante moulins sur la Seine. Ils ajoutèrent que des mesures seraient prises contre les conspirateurs. On créerait, à leur usage, une guillotine ambulante qui suivrait les armées.

Ils se posèrent ensuite en protecteurs de l'Assemblée, dont ils donnèrent à entendre qu'ils faisaient ce qu'ils voulaient, ce qui était encore vrai à ce moment. Ils dirent qu'une loi des suspects, dont l'exécution serait confiée à la Commune, ne tarderait pas à être votée, et que, dès lors, toute sommation nouvelle à la Convention devenait inutile.

Ces explications eurent l'effet qu'on pouvait en attendre. La foule satisfaite se dissipa. Chaumette et Hébert prirent prétexte du succès de leur intervention pour exiger impérieusement de l'Assemblée la loi qu'ils avaient promise en son nom. Peu de jours après, le 17 septembre, Merlin (de Douai) lut à l'Assemblée la *loi des suspects* qui fut votée presque sans discussion, mais dont l'exécution fut confiée aux comités, et non à la Commune comme l'espéraient Chaumette et Hébert.

Robespierre, qui commençait à trouver Hébert et Chaumette beaucoup trop puissants, leur avait ménagé cette déception, que d'autres devaient bientôt suivre en attendant la catastrophe finale. Le 18 novembre, la loi qui reconstitua les comités enleva la direction de la police à la Commune, pour l'attribuer désormais au comité de sûreté générale. C'était un coup terrible porté à l'Hôtel de Ville privé ainsi d'une force qui allait se tourner contre lui.

Une question divisait profondément Chaumette et Robespierre : la question des cultes. Robespierre soutenait le culte de l'Être suprême; Chaumette, celui de la Raison. Pendant l'hiver de 1793, on ne se chauffa à l'Hôtel de Ville qu'avec les débris des balustrades et des stalles de Saint-Jean et de Saint-Gervais, où, pendant ce temps, on dansait dans la chapelle de la Vierge. Chaumette ne ménageait même pas les reliques des saints, témoin les reliques de sainte Geneviève qui furent apportées et brûlées en place de Grève, ainsi qu'il appert d'un procès-verbal en bonne et due forme dressé par un fanatique, appelé Fayan, et dont copie fut adressée à chaque section, et par une ironie d'un goût contestable, au Pape lui-même!

Chaumette apprit qu'à la Convention, ses actes soulevaient une vive réprobation. Il voulut les faire sanctionner par le peuple, et obtint, à cet effet, un arrêté du conseil général de la Commune, qui convoquait les délégués des quarante-huit sections. Billaud-Varennes fit casser l'arrêté par le comité de sûreté générale, et, de plus, signifier aux citoyens de l'Hôtel de Ville que la peine de dix ans de fers serait encourue par quiconque s'aviserait de convoquer les sections.

Ce premier acte d'énergie fut suivi d'un autre plus décisif.

Le procès d'Hébert et de Chaumette s'instruisait au comité de salut public, et pour rapporteur on avait choisi l'implacable Saint-Just. Il fut d'une netteté inflexible contre ces meneurs de la Commune, ces chefs des basses insurrections, de *l'ochlocratie*, comme il appela le pouvoir qu'on s'arrogeait à l'Hôtel de Ville, avec l'appui de la populace : « Tout le monde veut gouverner, disait-il, personne ne veut être citoyen. Où donc est la Cité? Elle est usurpée par les fonctionnaires. » La nuit même qui suivit ce réquisitoire, on arrêtait Hébert, et onze jours après on l'exécutait. Saisi le 13 mars, il montait à l'échafaud le 24. L'hésitation avait été un peu plus longue pour Chaumette. On l'avait laissé se cacher, pour voir si quelque effort des faubourgs ne serait pas tenté en sa faveur. Pas une section n'ayant remué, il fut pris dans sa retraite qu'on connaissait, mené devant le tribunal révolutionnaire, condamné et exécuté, tout cela en moins d'un mois, du 18 mars au 13 avril.

La Commune se sentant-perdue eut recours à une bassesse pour se sauver; elle envoya des délégués à la Convention pour renier Hébert et Chaumette, récuser toute participation à leurs actes et remercier de ce que justice était faite.

Robespierre la prit alors en main. Avec Chaumette et Hébert, elle avait fini par lui échapper, surtout depuis que Marat, tué le 13 juillet précédent, n'avait plus été là pour l'aider à la maîtriser. Avec les hommes nouveaux qu'il y sut mettre : Payan, qui prit, comme agent national, les fonctions de Chaumette; Moënne qui remplaça Hébert, et le belge Fleuriot-Lescot, devenu maire à la place du Suisse Pache, dont la destitution avait été le seul châtiment d'une trop longue complaisance pour les hébertistes; elle lui revint plus que jamais dévouée, mais sans force suffisante pour lui être réellement utile.

Le peuple, sur qui elle s'appuyait, ne reparut plus à l'Hôtel de Ville. Il ne pouvait pardonner à Robespierre la mort de Chaumette et Hébert, ses deux idoles. Payan voulut le rappeler, en faisant voter quinze sous par jour à tout citoyen sans ouvrage; il continua de rester à l'écart.

La Commune était ainsi privée d'une partie de ses troupes. Elle pouvait, il est vrai, compter sur Henriot et sur la garde nationale. Mais l'autorité d'Henriot était singulière-

ment amoindrie. En vertu de la loi décrétée le 1er mai 1793,
et trop oubliée par la Convention, les canons dont il disposait pouvaient lui être repris ; et, d'autre part, la garde nationale qui le méprisait et dont il se défiait, ne semblait pas
disposée à le suivre. Le commandement de la 17e division
militaire, qu'il avait eu par Robespierre, mettait aussi la
gendarmerie à sa disposition ; mais une partie était moins
dévouée à la Commune qu'à la Convention, dont, sous le nom
de grenadiers-gendarmes, elle avait la garde. La Commune
n'était donc presque plus armée, et cela, au moment juste où
Robespierre aurait eu besoin qu'elle le fût davantage. En
contribuant à l'affaiblir, lui-même, sans y penser, avait
brisé son arme ou l'avait rendue inutile.

Lorsqu'il eut fait table rase de tout ce qui le gênait, renversé les hébertistes, à cause de leurs violences ; après eux,
Danton et Camille Desmoulins comme trop indulgents ; sa
plus terrible lutte commença. Un dernier pas restait à faire.
Il fallait qu'il se débarrassât de ses complices. A son instigation, la Convention vota la loi du 22 prairial (10 juin).
Avec cette loi, la justice était singulièrement simplifiée. Il
suffisait pour faire condamner qui l'on voulait de « preuves morales », de la banale qualification « d'ennemi du
peuple ». Loi effroyable, loi de sang. C'était « la Terreur
dans la Terreur ». Quel instrument commode, expéditif pour
le tribunal révolutionnaire ! Ce tribunal venait d'être réor-
ganisé. Robespierre y avait placé gens à sa dévotion, des-
quels il pouvait tout attendre, auxquels il pouvait tout imposer. Il touchait donc au terme qu'il s'était fixé. La loi du

22 prairial lui livrait enfin tous ses adversaires. Eh bien!
par un cruel retour des choses, il en fut une des premières
victimes.

Quand, dans la séance du 9 thermidor au matin, Billaud-
Varennes le fit décréter d'accusation et d'arrestation avec
les deux collègues de son triumvirat en projet, Saint-Just
et Couthon; avec son frère, avec Lebas et quelques autres,
c'est cette terrible loi qui fut l'instrument le plus sûr de son
attaque. Il accusa Robespierre de l'avoir arrachée à la Convention sans l'aveu de ses collègues du comité de salut public, et lui prouva qu'il ne l'avait fait rendre que pour dé-
cimer l'Assemblée et les comités. Un peu plus, il lui aurait
lu la liste de proscription déjà toute dressée, sur laquelle
lui, Billaud, se trouvait le premier!

Robespierre accusé, arrêté, ne fit aucune résistance.
Après une halte au comité de sûreté générale, il se laissa
conduire à la prison du Luxembourg, tandis que son frère,
Couthon, Saint-Just et les autres étaient menés chacun dans
une prison différente. Déjà Paris s'était ému; la Commune,
dont quelques membres avaient suivi les péripéties du
drame dans la salle de la Convention, se réunissait en
conseil général au bruit du rappel, et le maire Fleuriot,
après avoir lancé une proclamation au peuple l'invitant
à se lever en masse, envoyait partout des ordres de déso-
béissance à la Convention.

Un de ces ordres étant déjà arrivé à la prison du Luxembourg, quand on y amena Robespierre, l'administrateur ne
voulut pas le recevoir prisonnier. Ceux qui le conduisaient

n'insistèrent pas; dès lors il pouvait donc être libre et se faire conduire à l'Hôtel de Ville, où s'organisait l'insurrection avec tout ce qu'Henriot et la Commune avaient déjà pu réunir de gardes nationaux, de gendarmes et de canonniers à la Grève. On le lui conseillait; il refusa. C'eût été sortir de la légalité dont l'Assemblée, qui l'avait décrété d'arrestation, disposait toujours; et, ce qui l'effrayait encore plus, c'était d'être obligé, pour la première fois, de se mettre franchement à la tête d'un de ces mouvements qu'il avait si souvent préparés dans l'ombre. Son caractère ne comportait pas tant d'audace. Il persista à vouloir être prisonnier, et il se fit, comme tel, conduire non pas à la Commune, place de Grève, mais à la mairie, rue de Jérusalem. Il n'y arriva que pour être acclamé; il fut là encore libre malgré lui.

Les plus vives instances vinrent de l'Hôtel de Ville, où l'attendaient ses collègues qui avaient aussi été délivrés l'un après l'autre; on le pressait pour qu'il s'y rendît à son tour, et prît la direction du mouvement, dont on ne pouvait assurer le succès qu'en devançant partout la Convention; il refusa encore. Il n'y eut que Coffinhal, vice-président du tribunal révolutionnaire, le seul dont la brutale énergie fut, pendant cette journée et cette nuit, à la hauteur des événements, qui put enfin, mais moins de gré que de force, parvenir à l'y traîner.

Il était déjà trop tard. Robespierre arrivant à l'Hôtel de Ville, de nuit, comme un condamné, au lieu d'y venir à cheval, en plein jour, en homme qui saura commander à tout, même aux événements, trouva tout compromis et ne sauva rien.

La Convention, à laquelle il avait laissé le temps de se reconnaître et d'organiser la résistance, avait, après quelques heures inactives, retrouvé, dans sa séance du soir, autant de résolution que Robespierre en avait eu peu lui-même.

Un de ses membres, Barras, ancien capitaine dans nos possessions de l'Inde, avait accepté d'être, pour l'Assemblée, général en chef de l'armée de l'intérieur et commandant de Paris. Il s'était adjoint sept représentants comme aides de camp, parmi lesquels, Fréron, Ferrand, Rovère, Bourdon de l'Oise, etc. Le commandement était assuré; il ne manquait plus que les troupes à commander. La Convention n'avait, en effet, à sa disposition qu'un détachement des grenadiers-gendarmes, et une centaine de gardes nationaux de la section des Tuileries, où elle siégeait.

Un décret, d'une inspiration énergique et habile, lui donna, par une subite volte-face, presque toutes les forces sur lesquelles comptait la Commune. Ce décret que semblait prévoir Robespierre lorsqu'il voulait rester dans la légalité, en n'acceptant pas d'être libre, déclarait hors la loi, et livrait à la merci de quiconque voudrait en faire justice, non seulement tous ceux qui s'étaient soustraits à l'ordre d'arrestation, mais aussi la Commune qui en leur donnant asile était devenue leur complice.

Barras sut en tirer parti. La Commune était irrésolue; une initiative audacieuse eût seule put la sauver. En ou-

tre la population était plutôt favorable à l'Assemblée.
Sur la place de l'Hôtel de Ville, il y avait, en grand nombre, des gendarmes, des citoyens armés venus des différentes sections. Un agent du comité de salut public, Dulac,

Fig. 48. — Attaque de l'Hôtel de Ville, 9 thermidor 1794.

pénétra au milieu d'eux, et leur donna lecture du décret;
l'effet fut immédiat et décisif. Les bataillons se séparè-
rent et la place fut bientôt déserte. Il en fut de même au
Palais Royal. Les gardes nationaux qui s'y trouvaient et
que Coffinhal et Henriot voulaient entraîner contre la Con-

vention, se dispersèrent à la voix du député Amar. Barras déploya, d'ailleurs, une activité prodigieuse. A la lueur des torches il galopait à travers les rues criant : « Robespierre et la Commune sont hors la loi ! » Mots magiques qui amenaient partout la désertion. La Grève se dépeuplait au profit du Carrousel. En moins de trois heures, Barras eut rallié 4,000 hommes devant les Tuileries, pour défendre la Convention. Des canonniers voulaient même tourner leurs canons vers l'Hôtel de Ville. Fréron les y encourageait, mais Barras leur intima l'ordre de n'en rien faire. A l'Hôtel de Ville même, les tribunes de la grand' salle se vidèrent en un instant, lorsque l'agent général Payan qui feignait d'en rire, eut fait connaître le décret de la Convention.

Vers une heure, Henriot qui d'en haut n'entendait plus rien sur la place, y descendit tête nue, le sabre à la main.

Voyant à la clarté des quelques lampions allumés sur la façade de l'Hôtel de Ville, que tout était désert, il poussa jusqu'à l'arcade Saint-Jean pour s'assurer si quelques sections ne descendaient pas du faubourg Saint-Antoine, et n'ayant rien vu, il remonta, furieux, pour annoncer au Conseil ce qui se passait.

Ils étaient réunis dans une salle, à droite de la grande, qu'on appelait alors salle de l'Égalité, et qu'on nomma plus tard, à cause de sa tenture, *le cabinet vert,* quand le préfet de la Seine l'eut prise pour cabinet de travail.

Tous étaient inquiets; le décret de la Convention les avait atterrés : « Ces conspirateurs pâlirent, dit Mercier,

quand ils se virent frappés du décret qui les mettait hors
la loi. » Ils s'accusaient les uns les autres, seul Coffinhal
conservait toute son énergie ; Saint-Just restait impassible,
une arme à la main, mais bien décidé à ne pas s'en servir
contre lui-même. Tous, du reste, se rendaient compte de
la gravité de la situation. Les canonniers avaient déserté,
livrant la Grève aux troupes conventionnelles et laissant
l'Hôtel de Ville sans défense. Un seul espoir leur restait,
c'est qu'au jour qui approchait, car il vient vite en juillet,
les sections des faubourg descendraient enfin, et se trou-
veraient sur la place assez à temps pour soutenir l'attaque
de la Convention.

En attendant, ils rédigeaient, au nom de la Commune
et de son *comité d'exécution*, des proclamations aux sections. Une des plus importantes fut celle adressée à la section des Piques, c'est-à-dire de la place Vendôme dont l'intervention en leur faveur pouvait assurer leur salut :

« Courage, patriotes de la section des Piques, y lisait-
on, *la liberté triomphe ; déjà ceux que leur fermeté a
rendus formidables aux traîtres sont en liberté. Partout
le peuple se montre digne de son caractère.*

*« Le point de réunion est à la Commune, d'où le brave
Henriot exécutera les ordres du comité d'exécution qui
est créé pour sauver la patrie. »*

Déjà l'agent général Payan avait signé ; les signatures
de trois membres de la Commune, Legrand, Louvet, Le-
rebours s'étaient alignés près de la sienne, et Robespierre
avait écrit les deux premières lettres de son nom *Ro...*

lorsqu'un grand bruit, se fit entendre sur la place du côté de la rue du Mouton. C'était une section en armes qui arrivait, quoiqu'il ne fût pas encore jour, et l'une de celles sur lesquelles ils pouvaient le mieux compter, cette fameuse section des Gravilliers, recrutée dans les quartiers Saint-Martin et du Temple, qu'on avait vue au premier rang de l'insurrection le 10 août et le 2 juin, et dont faisait partie le bourreau du Dauphin, Simon, resté membre de la Commune.

En entendant nommer les citoyens des Gravilliers dans les acclamations des premiers curieux qui accoururent, et dont les voix montaient jusqu'à eux par les fenêtres toutes grandes ouvertes de la salle, ils purent se croire sauvés; mais cette espérance fut courte. Ils apprirent presque aussitôt que Bourdon de l'Oise, un des conventionnels adjoints à Barras, conduisait la section. Il n'y avait plus d'illusion possible. Avec un pareil chef, c'était contre eux et non pour eux que la section marchait. Au lieu d'être sauvés, ils se trouvaient à la merci de l'un de leurs plus redoutables adversaires qui, après avoir forcé l'Hôtel de Ville, se montrerait à coup sûr inflexible et irait jusqu'au bout des droits que lui donnait le décret rendu par l'Assemblée.

Ils n'avaient donc plus devant eux que la mort, soit qu'ils l'attendissent de leurs adversaires, soit qu'ils se la donnassent eux-mêmes.

Quelques-uns n'hésitèrent pas. A peine Bourdon avait-il commencé de ranger les hommes des Gravilliers devant

la façade de l'Hôtel de Ville, qu'on entendit, à fort peu
de temps l'un de l'autre, deux coups de feu tirés au premier étage; et qu'un homme parut, en dehors, devant les
fenêtres, debout sur la large corniche. Après y avoir fait
quelques pas, il se précipitait dans le vide, et tombait sur
les baïonnettes des sectionnaires rangés au-dessous. C'était
Robespierre jeune.

En même temps, un autre homme tombait aussi, précipité d'une fenêtre du second étage, sur un tas de bouteilles
cassées dans un coin de la place. C'était Henriot que
Coffinhal exaspéré avait jeté par la fenêtre en l'accusant
d'avoir tout perdu.

Le premier des deux coups de feu entendus était un
coup de pistolet que s'était tiré Lebas, qui fut tué raidé.
Robespierre s'était tiré l'autre, quelques minutes après,
au moment où, attiré par le bruit, entrait dans la salle le
concierge de l'Hôtel de Ville, Michel Bochard. Le coup
porta au-dessous de la lèvre, la joue fut percée, mais la
blessure était sans gravité.

La déposition de Bochard, qui se trouve aux archives
dans le dossier de cette affaire, ne laisse à ce sujet aucun
doute, et met à néant, entre autres histoires, celle du gen-
darme qui se vantait d'avoir blessé Robespierre.

Comme Robespierre le jeune, Henriot survécut à sa chute,
mais ce ne fut que pour être le jour même, 10 thermidor,
mené avec vingt et un des autres à l'échafaud.

Parmi eux : les deux Robespierre, Saint-Just, Couthon,
le maire Fleuriot, le cordonnier Simon, etc. D'autres hô-

catombes suivirent, du 11 au 22. Le nombre total des exécutions fut de 112. La réaction faillit même aller plus loin ; il fut question de détruire l'Hôtel de Ville. Dans la séance du 17, à la Convention, Fréron, qui avait déjà voulu le faire battre en brèche par les canonniers de la Grève, demanda qu'il fût démoli.

« Après la Saint-Barthélemy, dit-il, j'aurais demandé la démolition du Louvre. Eh bien, ce que j'eusse fait alors, je le fais aujourd'hui ; je viens demander le rasement de l'Hôtel de Ville, ce Louvre du tyran Robespierre ! »

Bourdon de l'Oise lui répondit que c'était une propriété du peuple de Paris, dont toutes les sections, en cette terrible nuit, avaient, ce qui était vrai, bien mérité de la patrie, et Granet (des Bouches-du-Rhône) ajouta avec beaucoup de bon sens : « Les pierres de Paris ne sont pas plus coupables que les pierres de Marseille. Punissez les individus criminels et ne démolissez rien. »

Ce centre de révolution ne fut plus d'ailleurs à craindre de longtemps. L'année suivante, le 2 prairial (21 mai), les terroristes des faubourgs qui, repoussés la veille de la Convention, après y être entrés de force, et y avoir assassiné le représentant Féraud, voulaient recommencer la partie, établirent, il est vrai, pendant quelques heures, leur quartier général à l'Hôtel de Ville, mais il suffit d'une démonstration des sections Lepelletier et de la Butte-des-Moulins pour le leur faire quitter. Quand elles arrivèrent, ils avaient décampé.

Le lendemain, à la Grève, ils eurent leur revanche. Les

condamnés politiques n'y étaient plus exécutés. Après le supplice de neuf officiers émigrés le 23 octobre 1792, la guillotine avait été transportée au Carrousel, puis, le 10 mai suivant, on l'avait mise définitivement à la place de la Révolution, qui l'avait déjà vue dresser pour Louis XVI, et où, sauf pendant une courte période où elle fut installée place de la Barrière du Trône, elle resta en permanence jusqu'en 1795.

Quant aux exécutions pour crimes de droit commun, elles avaient toujours lieu place de Grève. L'un des meurtriers de Féraud, celui qui avait porté sa tête au bout d'une pique, le serrurier Tinel, de la section Popincourt, jugé et condamné comme simple assassin, y fut conduit le 3 prairial, surlendemain du crime, à huit heures du soir, pour subir sa peine. La foule le délivra, et il fut ramené en triomphe dans son quartier, qui, sommé de le rendre, refusa.

La Convention ne faiblit pas. Le soir du lendemain, le général Menou avec quatre mille hommes de bonnes troupes et vingt mille sectionnaires envahit le faubourg, qui ne livra pas Tinel, comme on l'a dit, mais le laissa prendre. Il s'était réfugié chez sa fille, rue de Charonne, à un cinquième étage. Se voyant traqué, il sauta par la fenêtre. On ne le ramassa avec une jambe cassée que pour le porter à l'échafaud en compagnie du marchand de vins Boucher, son complice, qui avait coupé la tête de Féraud.

Un décret du 9 juillet 1795, décida qu'il n'y aurait plus de supplice à la place de la Révolution dont, au reste, à quatre mois de là, on devait faire la place de la Concorde. La guillotine fut donc rétablie à la Grève, pour les exécutions politiques, qui y furent malheureusement assez nombreuses encore, surtout à l'époque du Consulat.

Les conspirations y envoyèrent ce que ne fournissait plus la révolution. Au commencement de 1801, il y eut, presque coup sur coup, l'exécution d'Aréna et de ses complices, et celle des conspirateurs de la *machine infernale*. C'est le 31 janvier qu'Aréna, Demerville, Topino-Lebrun et Ceracchi, convaincus d'avoir voulu assassiner le premier consul à l'Opéra, où on les avait arrêtés le 10 octobre précédent, furent exécutés. Ils avaient conspiré pour la République. Ceux qui les suivirent, moins de trois mois après, Corbon et Saint-Réjant, dont le tonneau de poudre faillit faire sauter la voiture du premier consul, rue Saint-Nicaise, avaient conspiré pour le retour de la royauté. Ils furent exécutés le 21 avril.

Leur complot ne faisait qu'en devancer un autre, qui eut aussi son dénouement à la Grève, trois ans plus tard, avec un plus grand nombre de victimes. Le 25 juin 1804, à onze heures du matin, il fallut trois charrettes pour amener de la Conciergerie à l'échafaud Georges Cadoudal, qui passa le premier, et ses onze complices. Deux, Joyant exécuté le huitième, et Deville le dixième, poussèrent avant de mourir le cri de « Vive le roi » auquel les soldats de l'escorte répondirent par celui de « Vive l'empereur! »

L'empire en effet était proclamé, depuis le 18 mai, c'est-à-dire depuis six semaines au plus. C'était mal l'inaugu-

Fig. 49. — Feu d'artifice, tiré sous l'Empire, 16 décembre 1804.

rer que faire une telle hécatombe presqu'au lendemain de
son avènement.

L'Hôtel de Ville obtint d'avoir sa part des fêtes, et il reprit, ce qu'il désirait, son rôle et son éclat d'autrefois.

Depuis la Commune, il avait été singulièrement délaissé.
Pendant huit ans, aucune autorité n'y siégea plus, tant on
craignait qu'un pouvoir quelconque ne s'y transformât
en une nouvelle Commune. Du 9 thermidor à l'époque du
Directoire, des commissions nommées par la Convention
administrèrent Paris; puis, on le divisa en douze municipalités, que dirigèrent les sept administrateurs du département : enfin la loi du 17 février 1800 créa, en même
temps qu'un préfet de police, un préfet de la Seine, dont
l'autorité devait s'étendre sur les douze municipalités,
pourvues chacune d'un maire, et désigna l'Hôtel de Ville
pour être le siège de l'administration centrale.

Le premier préfet fut M. Frochot, à qui Bonaparte re-
commanda tout d'abord de donner à Paris une administration paternelle, mais unitaire et vigoureuse : « Le calme
dans Paris, lui dit-il, c'est le repos de la France. »

M. Frochot, qui jamais ne logea à l'Hôtel de Ville, à
cause du manque d'espace, ne put même en prendre aussitôt possession pour ses services administratifs. La direction de l'enregistrement et des domaines, qui s'en était
emparé, refusait de le rendre et mit tout en œuvre pour
n'être pas obligée d'en sortir. En 1801, un an après la loi
qui fixait à l'Hôtel de Ville le siège de la préfecture de la
Seine, elle réussissait, par surprise, à obtenir du ministre

des Finances un arrêté qui en ôtait la propriété à la Ville, et en faisait un domaine national!

M. Frochot fut, par bonheur, assez actif et assez puissant pour avoir raison de ces difficultés. L'année suivante, il était maître de la place où il installait ses bureaux et où il s'installait lui-même. La régie des domaines en déménageait avec tous les locataires gratuits, — le peintre Prud'hon était du nombre, — qu'elle y logeait depuis longtemps.

Une fois qu'il en eût pris possession, M. Frochot ne perdit pas de temps pour remettre l'Hôtel de Ville en bon état et l'agrandir. Il y annexa définitivement les bâtiments du Saint-Esprit; puis il fit acheter par la Ville les terrains de l'ancienne église Saint-Jean, qu'un certain Belta avait acquise comme bien national, pendant la Terreur, et rasée tout entière à l'exception de la vaste chapelle de la Communion; car l'Hôtel de Ville, qu'une toute petite rue séparait seule de cette chapelle, s'en était tout d'abord emparé, et en avait fait la fameuse salle Saint-Jean, où nous avons vu Chaumette donner ses audiences révolutionnaires.

Le préfet la réserva pour être, ce qu'elle fut longtemps, le lieu de réunion des sociétés savantes, et l'endroit où se faisaient le tirage au sort et les autres opérations de la conscription. L'architecte du département, Molinos, y fit quelques travaux de nettoyage et de réparation, au mois d'août 1804, et passa vite à une plus importante besogne : la remise à neuf du reste de l'Hôtel de Ville.

Les fêtes du couronnement approchaient; il fallait donc

qu'il fût digne de recevoir l'empereur, qui avait promis
d'y venir.

La salle du Trône, qui reprit son nom, fut réparée dans
ses moindres détails, puis ornée de magnifiques tentures
de velours cramoisi, avec abeilles d'or en relief. Après la
Révolution, l'Empire!

Changement de locataires dont chacun devait laisser sa
trace. Lorsqu'en 1830, furent mises en lambeaux les tentures fleurdelysées qui avaient remplacé les tentures aux
abeilles d'or, que trouva-t-on derrière? de vieilles affiches
révolutionnaires du temps de la Commune!

Tout fut prêt pour le dimanche 16 décembre. Lorsque
Napoléon et Joséphine arrivèrent, ils purent se croire
dans un palais d'empereur, et non dans l'ancien centre
révolutionnaire. Aussi Frochot, fier de la métamorphose
de l'Hôtel de Ville, qui lui semblait être pour Paris le
symbole d'une transformation pareille, se crut-il en droit
de dire à l'empereur, lorsqu'il entra dans la salle du
Trône : « Oui, Sire, Paris est retrouvé, Paris non le rival,
mais l'émule et l'ami des provinces de l'Empire. » Il n'oublia pas ensuite l'Hôtel de Ville même, « dont les murs,
dit-il, s'étaient relevés tout à coup de leurs ruines, pour
former un nouveau temple de concorde et d'amour! »

Dans la cour avait été construit un bâtiment, dont le premier étage de plein-pied avec la salle du Trône, fut nommé
Salle des Victoires, et servit pour le banquet impérial,
tandis que le rez-de-chaussée était disposé en salle de
danse. Il n'y figura pas moins de trois cents dames de

Paris ou des départements, pour lesquelles on avait en outre dressé un magnifique repas dans une autre salle construite aussi exprès et tendue de tapisseries des Gobelins « sur toute la longueur du bâtiment de l'ancien Saint-Esprit ».

Rien n'avait été négligé pour plaire à Napoléon et surtout flatter son orgueil.

Chez Frochot, le courtisan s'était surpassé.

Le plus beau de la fête fut le feu d'artifice, et son immense décor, représentant le mont Saint-Bernard, franchi par l'armée française. On l'avait construit en charpente et en toiles peintes, sur l'autre rive du grand bras de la Seine, « au bas de l'ancien hôtel des Ursins en la Cité ». Au dessous, sur la Seine, se trouvait un vaisseau de quatre-vingts canons, « dont les mâts, les voiles, les cordages étaient figurés en illuminations. » On pouvait croire que c'était Paris se symbolisant par son traditionnel navire. Le programme vous détrompait : « C'était, à l'entendre, le vaisseau de l'État, réagréé et sauvé des tempêtes par le pilote habile qui avait eu le courage d'en prendre en main le gouvernail. » (Fig. 49.)

Un salon demi-circulaire construit au fond de la place de Grève faisait face au vaste ensemble de ce grand spectacle. L'empereur y prit place avec l'impératrice, et alluma lui-même le dragon, qui « traversant la place, alla de l'autre côté de l'eau communiquer l'étincelle au feu d'artifice. » L'effet en fut merveilleux, surtout lorsqu'après qu'on eut vu les soldats gravir le Saint-Bernard à la lueur de mille fusées, le bouquet final vint reproduire la terrible explosion du fort de Bar, et éclairer au sommet Bonaparte triomphant, « calme sur un cheval fougueux, » comme dans le tableau de David.

Vers neuf heures tout fut terminé; et l'empereur s'en retourna par les quais où s'alignait, depuis la Grève jusqu'aux Tuileries, une longue colonnade chargée d'illuminations.

Le 6 décembre 1809, Napoléon revint encore une fois à l'Hôtel de Ville, mais seul, car c'est dix jours après que son divorce avec Joséphine devait être prononcé. La Ville voulait célébrer son retour de Vienne, et lui rappeler, par une nouvelle fête, celle qu'elle lui avait donnée cinq ans auparavant. Plus de quatre mille personnes y prirent part. Les invitations avaient été faites par Junot, duc d'Abrantès, alors gouverneur de Paris, et par Frochot, qui était toujours préfet, mais dont l'éclatante disgrâce n'était pas alors bien éloignée.

L'étrange conspiration du général Malet, le matin du 22 octobre 1812, en fut la cause. L'Hôtel de Ville était le principal point de ralliement indiqué par le conspirateur. C'est là, qu'après avoir répandu partout la fausse nouvelle de la mort de l'empereur, alors au fond de la Russie, comme on sait, il devait lui-même venir présider « le gouvernement provisoire, » qu'il avait improvisé.

Le colonel Soulier, qu'il avait entraîné, s'en empara avec la dixième cohorte. Il n'était qu'une dupe; Frochot en fut une autre, mais dans des conditions vraiment singulières.

Il était absent lorsque Soulier se présenta. On lui envoya une dépêche portant : « fuit imperator » l'empereur a vécu. Il accourut, prit connaissance du senatus-consulte, ne songea pas un seul instant à mettre en doute l'authenticité de la pièce, et avec un aimable empressement ce fonctionnaire peu avisé se mit à la disposition du colonel pour faire préparer la salle où se tiendrait le gouvernement attendu. Frochot, dans son affolement, avait oublié que, tout ce que Malet faisait dire fût-il vrai, il ne devait toujours y avoir pour lui de gouvernement qu'aux Tuileries, où, l'empereur mort, restaient l'impératrice et le roi de Rome.

Napoléon le lui rappela rudement dans son discours au conseil d'État, dont Frochot faisait partie : « Triste reste de nos révolutions! au premier mot de ma mort, sur l'ordre d'un inconnu... un préfet de la capitale se prête à faire arranger sa grande salle d'apparat pour je ne sais quelle assemblée de factieux! tandis que l'impératrice est là, le roi de Rome, les princes, mes ministres, et tous les grands pouvoirs de l'État... Frochot est un honnête homme, dévoué, mais son devoir était de se faire tuer sur les marches de l'Hôtel de Ville... Il faut un grand exemple à tous les fonctionnaires. » Cet exemple fut la double destitution de Frochot comme préfet de la Seine, et conseiller d'État.

L'empereur aurait pu ajouter que bien fragile était l'édifice impérial, puisqu'il suffisait du bruit de sa mort et de l'initiative de quelques conspirateurs pour en compromettre l'existence!

M. de Chabrol-Volvic, préfet du petit département ita-
lien de Montenotte, qui se trouvait alors par hasard à
Paris, hérita de la préfecture de la Seine qu'il conserva
de 1812 à 1830, pendant trois règnes!

Fig. 50. — Réception de Louis XVIII à l'Hôtel de Ville, 29 août 1814.

Si son administration fut très longue, elle fut, par contre presque inutile. A l'époque des Cent jours, pendant cette
brève période où Napoléon, d'autant plus avide de l'avenir
qu'il tendait à lui échapper, reprit et chercha à réaliser

tous ses rêves, M. de Chabrol eut à s'occuper d'un concours pour l'agrandissement et l'embellissement du palais municipal, d'après des idées déjà communiquées à Frochot, en 1811.

L'Empereur ne voulait pas le déplacer, comme on l'avait projeté sous Louis XV d'abord, lorsqu'il avait été question de le mettre au quai Conti; puis, sous Louis XVI, en 1783, lorsque l'échevin Cosseron, d'acord avec les architectes Peyronnet et Moreau, demandait qu'on le transportât au terre-plein du Pont-Neuf. Il ne s'agissait que de l'agrandir, en lui donnant deux façades sur la Grève : celle qui existait déjà, et une autre en retour, au fond de la place, en regard de la Seine.

C'est dans ces constructions nouvelles, prolongées jusqu'à la rue de la Verrerie, qu'eût été le véritable Hôtel de Ville, les anciens bâtiments étant réservés à la Bibliothèque et aux Archives. Il y aurait eu dans le Palais nouveau un théâtre pour les prologues et pièces de circonstance; des salles de banquet assez vastes pour contenir six mille personnes à table; et, à l'entour, une galerie des Fastes, où l'empereur avec sa cour eût pu circuler à la vue des convives.

Vaste et chimérique projet, un des songes de la fin! Napoléon l'approuvait le 25 mai, et, le 18 juin, il tombait à Waterloo. Les vingt-cinq millions qu'il eût fallu pour la construction du nouvel Hôtel de Ville passèrent dans les frais de l'invasion, et furent loin d'y suffire. La présence des alliés à Paris en 1814, et leur séjour beaucoup plus prolongé en 1815 coûtèrent à la Ville cinquante-huit millions!

On conçoit qu'elle ne put faire, de longtemps, d'autre dépense.

Quelques grandes fêtes, celle qui fut donnée pour la naissance du duc de Bordeaux, et une plus brillante encore en l'honneur du duc d'Angoulême, à son retour d'Espagne, le 15 décembre 1823, furent tout ce qu'elle se permit. M. de Chabrol y lutta de magnificence avec ce que l'empire avait fait de plus beau. Molinos, par exemple, qui avait construit en 1804 la *Salle des Victoires*, lui en construisit une pareille en 1823. Il ne changea que l'emplacement, et fit bien. Au lieu d'encombrer la cour, il établit ses constructions dans le jardin, qu'en attendant mieux, on avait planté sur le terrain de Saint-Jean en Grève. Elles y restèrent longtemps; c'était ce qu'on appelait la Salle du Jardin. Cette bâtisse de bois, de toile et de carton fut tout ce qu'on fit de neuf à l'Hôtel de Ville pendant la Restauration. Ajoutons-y toutefois l'Henri IV en relief de plâtre bronzé qui, en 1815, fut plaqué sur la façade au-dessus de la porte du milieu. Celui de Biard, dont la pierre n'avait résisté qu'au prix de fortes avaries à l'incendie de la Fronde, n'existait plus depuis le 13 août 1792. La plaque de marbre noir sur laquelle il était appliqué avait été seule conservée. Cinq alexandrins y avaient remplacé la figure du roi, de même qu'on avait substitué au-dessus de cette porte, le 21 mars précédent, à l'inscription qui rappelait la visite de Louis XIV en 1680 : *Sub Ludo-*

vico magno felicitas urbis, les mots : *Publicité, Responsabilité, Sauvegarde du Peuple*.

L'Henri IV de plâtre survécut à la Restauration, qui ne semble même pas avoir songé à le remplacer par un plus solide.

C'est en 1836 seulement que Louis-Philippe fit fondre en bronze, d'après un modèle du sculpteur Lemaire, et poser sur un fond de marbre blanc substitué à la plaque de marbre noir qui ne l'eût pas assez bien mise en relief, la figure équestre que nous avons tous vue, Henri IV, tête nue, pacifique sous l'armure, avec sa branche d'olivier à la main.

Cette statue disparut par la suite. Dès le 21 mai, la Commune l'avait fait démonter pièce à pièce.

Sous Louis XVIII, les menaces d'insurrection, les conspirations, rigoureusement surveillées, amenèrent de nouvelles victimes à la Grève.

Le 28 juillet 1816, on y exécuta trois pauvres diables : le corroyeur Pleignier, l'instituteur Carbonneau, et le graveur Tolleron, qui expièrent, pour des chefs qu'on n'avait pas osé atteindre, le complot des « patriotes de 1816 ».

Six ans après, l'affaire plus grave encore des *Carbonari* de la Rochelle eut là aussi son dénouement. Quatre sergent du 45° de ligne, Bories, Pommier, Raoulx et Goubin furent exécutés à la Grève, le 21 septembre, après avoir poussé le cri de *Vive la liberté!* dont l'écho devait se retrouver à huit années de là, lors des glorieuses journées de Juillet.

Ce sombre drame avait laissé de tels souvenirs que désormais il n'y eût plus d'exécution politique en place de Grève. En 1831, le jour anniversaire de l'exécution des quatre sergents de la Rochelle, la place fut envahie par trois ou quatre mille citoyens. Du haut d'une estrade, dressée sur l'emplacement même de l'échafaud, et qu'un petit monument ombragé d'un arbre de liberté remplaça ensuite, fut lue une pétition, signée séance tenante par tous les assistants, dans laquelle était demandée la suppression de la peine de mort.

Elle ne fut supprimée qu'à la place de Grève. Encore, y fut-elle maintenue, pour crimes de droit commun, jusqu'au 24 juillet 1830. A cette date, eut lieu l'exécution d'un nommé Martin qui avait assassiné, au bois de Boulogne, en d'odieuses circonstances, une femme qu'il avait amenée de Chartres.

Dès 1831, on se préoccupa du choix d'un nouvel emplacement et, le 20 janvier 1832, M. le comte de Bondy, préfet de la Seine, prenait un arrêté ainsi conçu :

« Considérant que la place de Grève ne peut plus servir de lieu d'exécution, depuis que de généreux citoyens y ont si glorieusement versé leur sang pour la cause nationale, les exécutions auront lieu désormais à la barrière Saint-Jacques. »

C'est un nommé Desandrieux, assassin de M. Tillaux, rue Taranne, condamné depuis le 30 octobre 1831, qui fut, le premier, décapité, sur le nouvel emplacement le 3 février 1832.

Cette purification de la Grève, où, dès lors, l'on ne se heurta plus à l'effroyable contraste que nous avons tant de fois déploré dans le cours de cette histoire, c'est-à-dire aux apprêts d'un supplice suivant les préparatifs d'une fête, fut un des plus positifs bienfaits de la révolution de 1830.

CHAPITRE VII.

C'est à l'Hôtel de Ville, que se fit le dénouement des journées de Juillet dont la Grève avait vu l'un des combats les plus longs et les plus acharnés.

On s'y battit dès le matin du 28. Un peu après sept heures, le peuple enleva de vive force le poste qui avait été doublé, enfonça les portes, et bientôt on entendit sonner le tocsin du beffroi municipal, muet depuis Thermidor.

Un drapeau tricolore et un drapeau noir étaient au même

moment arborés au-dessus de l'horloge. C'est un ouvrier nommé Jean Fournier qui les y planta.

Le préfet, — c'était toujours M. de Chabrol, — était allé au ministère donner l'alarme, avant l'attaque; il ne revint que pour trouver tout envahi.

Des troupes arrivèrent bientôt, qui dégagèrent l'Hôtel de Ville, et le reprirent. Il n'y eut, à partir de ce moment, jusqu'à la nuit, que des alternatives de succès entre ces troupes : le 15e léger soutenu par un bataillon de la garde royale, puis peu après par un autre de la garde suisse; et le peuple, que de continuels renforts et d'inépuisables provisions apportées par des bateaux qui descendaient la Seine, rendaient de plus en plus hardi. Le pont suspendu, livré à la circulation depuis le 21 décembre 1828, était d'un grand secours pour les assaillants. Vers trois heures, quelques instants après que Jean Fournier y eut planté, sans souci de la fusillade, un drapeau tricolore sur l'arcade du milieu, comme il avait déjà fait, le matin, à l'Hôtel de Ville, une bande considérable, qui venait de l'archevêché, s'y précipita pour prendre de flanc la Grève et l'Hôtel de Ville. Un jeune homme courait en tête, agitant un drapeau. Quand il fut au milieu, le détachement de voltigeurs, qui barrait le passage du côté de la place, fit feu, et il tomba. Dans les derniers mots qu'il avait prononcés se trouvait celui « d'Arcole, » en souvenir de la journée dont Bonaparte, pendant sa première campagne d'Italie, avait décidé le succès, en se précipitant, lui aussi, sur un pont, le drapeau tricolore à la main.

Fig. 5. — Place de Grève en 1853.

Ce mot fut un baptême. Depuis lors le *pont de la Grève*, comme on l'appelait, ne s'est plus nommé que le *pont d'Arcole*.

Le combat dura jusqu'à la nuit, sans que le peuple pût s'emparer de la place et moins encore de l'Hôtel de Ville. A minuit, un ordre ayant été apporté à grand'peine de l'état-major, pour qu'on eût à se replier sur les Tuileries, la troupe, à laquelle d'ailleurs les munitions allaient manquer, évacua tous ses postes et battit en retraite par les quais.

Le lendemain, vers midi, un grand rassemblement armé, conduit par l'ex-colonel ou adjudant Dubourg, put se porter sans rencontrer de résistance de la place de la Bourse à l'Hôtel de Ville, et y entrer sans coup férir. La Fayette, qui venait de reprendre le commandement de la garde nationale, y arriva, une heure ou deux après. Il devançait MM. Laffitte, Casimir Périer, Mauguin, Odilon Barrot, etc., qui ne tardèrent pas, et se constituèrent aussitôt en commission municipale. C'est avec ce nouveau pouvoir que des envoyés de Saint-Cloud, d'où Charles X n'était pas encore parti, vinrent vers dix heures du soir ouvrir des négociations bientôt rompues par cette parole de M. Mauguin : « Il est trop tard ! »

M. de Mortemart voulut reprendre les pourparlers au nom du roi, le lendemain 30, au matin, mais ce fut plus inutilement encore. On s'entendait alors avec le duc d'Orléans à Neuilly, où tout fut fini le soir. Le prince vint au Palais-Royal, vers onze heures, recevoir les députés, qui

lui apportaient un vote de la Chambre, ratifiant et consacrant tout ce qui avait été convenu entre lui et la commission de l'Hôtel de Ville, où il se rendit le lendemain appuyé
sur M. Laffitte et M. de La Fayette.

M. Viennet, député de l'Hérault, relut dans la salle du
Trône les déclarations de la Chambre conférant au duc
d'Orléans cette lieutenance générale du royaume, qui, six
jours plus tard, devenait pour lui la royauté. Il répondit
par quelques paroles, dont La Fayette résuma le sens,
lorsque, l'accompagnant à la fenêtre, le drapeau tricolore
en main, quelques instants après, il jeta au peuple cette
définition du régime nouveau : « Un trône entouré d'institutions républicaines, » qui formule en moins d'une
ligne ce fameux « programme de l'Hôtel de Ville, » dont
on a fait tant de bruit.

M. Dubourg, qui se trouvait trop oublié, voulut dire son
mot. « Monseigneur, dit-il au prince, en lui montrant le
peuple armé, et les barricades de la Grève encore debout,
vous connaissez nos besoins et nos droits; si vous les oubliez, nous vous les rappellerons. » Le prince lui répondit
avec une assez véhémente émotion qu'il était honnête
homme, et qu'on n'avait jamais eu à lui rappeler son devoir
par la prière, ou par la menace. Quelques jours après,
M. Dubourg était écarté.

M. de La Fayette resta un peu plus longtemps à l'Hôtel
de Ville, et y fut d'une hospitalité prodigue, qui tenait du
marquis et du révolutionnaire. C'était chaque jour table
ouverte, où s'asseyait qui voulait. Enfin, las de ce rôle

d'amphitryon banal, qui trouve quarante convives lorsqu'il
n'en attend que vingt, il fit faire des « bons de dîner, »
sans lesquels on ne pouvait entrer. Il n'eut plus alors que

Fig. 52. — M. de Lamartine, haranguant le peuple à l'Hôtel de Ville, 26 février 1848

des inconnus. Les *bons*, dit M. Merruau, se vendaient sur
la place, et l'on s'attablait chez M. le général de la garde
nationale à l'Hôtel de Ville, comme à une table d'hôte! Cet
abus et une foule d'autres plus coûteux, conséquence natu-
relles de ces désordres, qui font monter de plus en plus

le tarif des révolutions, se totalisèrent par un chiffre énorme.

La révolution de Juillet et les deux années d'émeutes presque continuelles qui la suivirent coûtèrent à la Ville quarante-deux millions!

La préfecture, cependant, n'avait pas de préfet stable. M. de Chabrol, dont Louis XVIII disait, lorsqu'on s'étonnait qu'il gardât cet ancien administrateur de l'Empire : « Il a épousé la Ville de Paris, et j'ai aboli le divorce, » y était resté pendant trois règnes. Son successeur, l'aide de camp de Louis-Philippe, M. Alexandre Delaborde, n'y demeura pas même un mois. Le 23 août, il céda la place à M. Odilon Barrot, qui fut à son tour remplacé, le 19 février suivant, par M. le comte de Bondy, dont l'administration fut enfin un peu plus durable. Ce n'est que deux ans et demi après, le 22 juin 1833, que M. le comte de Rambuteau lui succéda, pour ne quitter lui-même l'Hôtel de Ville qu'avec le règne.

On lui dut presque complet, du moins pour l'extérieur, l'Hôtel de Ville transformé que nous avons connu. M. Godde, qui était déjà architecte de la Ville vers la fin de l'administration de M. Frochot, avait dressé des plans dont le devis, repoussé par M. de Bondy, comme s'élevant à un chiffre trop haut, fut mieux accueilli du nouveau préfet.

La dépense devait certes être considérable, mais celle qu'entraînaient, à chaque fête, les constructions provisoires, que l'exiguïté du palais municipal rendait nécessaires, et les frais annuels des locations annexes pour le logement de près de la moitié des services ne montaient-ils pas aussi, et sans profit durable, à une somme énorme? Sous l'Empire, les bâtisses d'apparat n'avaient pas coûté moins de six cent mille francs de 1804 à 1809, et l'on calculait que la location des annexes absorbait par an les intérêts d'un capital de douze cent mille francs.

M. Lesueur, grand prix d'architecture, fut adjoint à M. Godde, et une commission composée des architectes, MM. Fontaine, Debret et Huyot, et des conseillers municipaux, MM. Grillon, Gatteaux, Hérard et Lanquetin fut chargée d'étudier leurs plans.

Plus de deux années y furent consacrées; enfin on les arrêta, et le ministre de l'Intérieur ayant donné son approbation le 26 avril 1836, on commença.

L'opération consistait à agrandir l'Hôtel de Ville sur ses quatre faces, sans toucher toutefois au bâtiment primitif. Il fallait donc dégager ce dernier bâtiment en procédant aux démolitions nécessaires, sur les côtés : à droite, dans la rue de la Mortellerie; à gauche, vers la rue de la Tixeranderie; par derrière, dans les rues du Tourniquet-Saint-Jean et du Monceau-Saint-Gervais; enfin, sur la place même.

Le bâtiment fut en effet respecté, mais, sous prétexte, de l'enchâsser dans les constructions nouvelles, on l'y perdit beaucoup trop en négligeant de lui laisser, sur l'ensemble de la façade, un relief qui l'en eût rendu distinct. Ce fut un grave défaut, qu'on ne retrouve plus dans la construction actuelle.

Le travail de démolition, qui devait permettre, grâce à ce qu'on déblayait, de donner au nouvel Hôtel de Ville une superficie de dix mille cinq cents mètres, dura un peu plus d'un an. Le 20 août 1837, on se mit à bâtir.

L'aile droite, au coin de l'arcade Saint-Jean, qui désormais ne devait plus être que la porte d'une cour, fut construite la première.

On s'occupa ensuite du long bâtiment sur le quai, dont le premier étage fut distribué en magnifiques salons à arcades pour les réceptions, tandis que l'entre-sol était réservé aux appartements du préfet. Logé, depuis l'Empire, dans les bâtiments du Saint-Esprit, où il n'avait pour les réceptions qu'une grande salle tranformée les jours ordinaires, à l'aide de cloisons mobiles, en salon, en salle de billard, et en antichambre, il allait avoir enfin, dans l'Hôtel de Ville même, une habitation digne de lui.

C'est par la construction de l'aile gauche, sur la place, avec retour en longue façade du côté de la Tixeranderie, et qui fut en grande partie réservée aux bureaux, puis par les quatorze travées à colonnes de la grande galerie des fêtes, bâtie au-dessus de la salle Saint Jean, reconstruite elle-même, avec douze fenêtres sur la nouvelle rue Lobau, faisant face à Saint-Gervais, que fut terminé, en 1841, le travail extérieur de ce gigantesque monument. On y avait mis un peu moins de quatre ans, et dépensé près de douze millions et demi au lieu de dix prévus par les devis.

Le préfet et les bureaux s'installèrent l'année suivante. Les autres ouvrages intérieurs : l'achèvement des cours, dont la principale, celle de Dominique Cortone, qu'on devait

Fig. 53. — Bivouac des volontaires dans la cour de l'Hôtel de Ville, 26 février 1848.

transformer en salon à plafond vitré, avec escalier à double rampe, au fond, pour monter à la galerie des fêtes, ce qui ne fut fait que vingt ans après ; la décoration des différentes salles qui, habilement reliées ensemble dans toute l'étendue du rectangle, pour les réceptions des grands jours, mesuraient une longueur de près d'un kilomètre ; tout fut activement poussé jusqu'au moment où éclata la révolution de février 1848.

Non seulement elle interrompit les travaux, mais elle dévora l'argent amassé pour le jour où ils pourraient être repris. Cette fameuse tirelire de M. de Rambuteau, comme on appelait, suivant M. Merruau, son précieux fonds de réserve, fut épuisée jusqu'au dernier sou, ainsi que l'encaisse municipale de dix millions et demi !

On sait que c'est à l'Hôtel de Ville que fut constitué le gouvernement provisoire sous la présidence de Dupont (de l'Eure), avec Ledru-Rollin pour ministre de l'intérieur, Lamartine pour ministre des affaires étrangères, et Armand Marrast, comme maire de Paris. Il s'en proclama trois ou quatre autres, dans la salle du Trône, dont le nom ne fut jamais plus cruellement ironique que ce jour-là ; dans la salle Saint-Jean, et ailleurs avant que le définitif fût formé.

Son premier acte fut un acte d'énergie. Des émeutiers s'étaient portés sur l'Hôtel de Ville, précédés du drapeau rouge.

Lamartine se rappela le douloureux épisode du Champ de Mars, où le 17 juillet 1791, Bailly, précédé lui aussi du drapeau rouge, avait dû faire mitrailler l'émeute par la garde nationale; et il prononça la phrase célèbre, dans laquelle il opposait le drapeau tricolore « qui fit le tour du monde, » à ce drapeau rouge « qui n'avait fait que le tour du Champ de Mars, traîné dans le sang du peuple ».

Les émeutiers se dispersèrent. Chez Lamartine, d'ailleurs, l'éloquence était plutôt d'un poète que d'un orateur. En certaines circonstances, il se montra même prophète.

Le 10 mars, quelques compagnies de la garde nationale firent une démonstration contre-révolutionnaire à l'Hôtel de Ville. De son côté le lendemain le peuple s'y était porté, et on pouvait craindre une révolte sérieuse : « Prenez garde, » cria Lamartine à la foule, « prenez garde à des réunions de ce genre : les 18 brumaire du peuple pourraient amener les 18 brumaire du despotisme. »

Moins de trois ans après, la prophétie se réalisa.

Ces journées étaient d'ailleurs assez fréquentes. Parmi les plus importantes il faut citer la journée du 16 avril où l'Hôtel de Ville fut sauvé par les gardes mobiles, et par la vaillante légion du faubourg Saint-Germain, qui en s'élançant du pont d'Arcole coupa en deux l'émeute et l'empêcha de s'emparer de la Grève; celle du 15 mai, qui livra pendant quelques heures le côté gauche du palais municipal au nouveau gouvernement que voulait constituer Barbès, tandis que l'ancien continuait de siéger dans le côté droit; et celles, enfin, bien plus terribles du 23 au 26 juin dont l'Hôtel de Ville recueillit les victimes : le général Négrier, qui mourut sur un canapé du salon d'attente, le général Duvivier, qui ne devait pas non plus survivre à sa blessure, et près de deux cents gardes municipaux et soldats étendus morts dans la salle Saint-Jean.

Ces journées, les excès qui y furent commis provoquèrent une réaction violente qui servit l'ambition du Prince Louis-Napoléon. Le 10 décembre, il fut élu président et trois ans après, au 2 décembre, il perpétra le coup d'État d'où devait sortir l'Empire.

L'Hôtel de Ville s'acheva sur ces entrefaites. Armand Marrast était resté maire de Paris jusqu'au 19 juillet 1848. Il avait sa police particulière. Cette précaution n'était pas inutile, car, sous son administration des complots furent tramés contre l'Hôtel de Ville.

L'un deux faillit réussir.

On trouva, vers la fin d'avril, dans un des dix-huit compartiments en sous-sol, qui servaient autrefois de caves, vingt-huit barils de poudre. Une dalle déjà soulevée, dans une des cours, pour qu'on pût glisser la mèche et mettre le feu, fit tout découvrir. L'explosion était projetée pour le jour où il n'y aurait à l'Hôtel de Ville que les membres du Gouvernement provisoire appartenant à la partie modérée.

Marrast, ne fut pas d'abord remplacé. Une commission municipale, déjà nommée depuis quinze jours, quand il partit, administra seule Paris, du 19 juillet au 20 décembre 1848.

La préfecture de la Seine fut alors rétablie, et c'est M. Berger, ancien maire du 2e arrondissement, qui y fut appelé. Un de ses premiers soins fut de dégager l'Hôtel de

Ville, en contre-bas, à l'est du côté de la rue Lobau, et au
nord, du côté de la rue de la Tixeranderie. Par suite des
constructions nouvelles qui avaient été faites sans que
l'ancienne butte Saint-Gervais eut été préalablement nive-

Fig. 54. — Galerie des fêtes.

lée, un remaniement profond de terrain était indispensable
pour raccorder ces parties avec le niveau de la Grève, bien
souvent remanié aussi, et qui même, par suite d'un dernier nivellement, au commencement du siècle, avait motivé
la suppression complète de ce perron de l'Hôtel de Ville,
dont les travaux de reconstitution n'ont pu rétablir les six

marches primitives que grâce à un sous-sol plus élevé.

Pour ces raccordements, il fallut niveler, à l'est, l'îlot compris entre les rues Lobau, François-Miron, et les parties avoisinantes de Saint-Gervais et de la rue de la Tixerande-rie; et, d'autre part, démolir les maisons de cette dernière rue portant des numéros impairs. Ces travaux furent autorisés par un décret du 23 mai 1850, qui n'eut son plein effet que lorsque la loi du 4 août 1851 eut ordonné jusqu'au delà de l'Hôtel de Ville le prolongement de la rue de Rivoli, dans laquelle disparut celle de la Tixeranderie; et lorsque, par un autre décret du 20 avril 1853, il eut été décidé que, sur une partie de l'îlot déblayé devant Saint-Gervais, la caserne Napoléon serait construite avec un souterrain, établissant la communication entre elle et l'Hôtel de Ville.

On termina cette caserne en 1854, au moment même où sur la face opposée, du côté de la Grève, s'opérait un travail encore plus important : l'ouverture de la large voie qui, découvrant le front de l'Hôtel de Ville, devait, tout d'abord, le mettre en communication avec Saint-Jacques-la-Bouche-rie et le Châtelet, en attendant que cette voie fût continuée jusqu'à la colonnade du Louvre.

M. Haussman était alors préfet. Depuis le 27 juin 1853, il avait quitté la préfecture de Bordeaux, pour succéder à M. Berger. Le décret, en date du 29 juillet 1854, qui ordonnait cette large percée qui devait faire disparaître l'inextricable labyrinthe formé par les rues *de la Tannerie, de la Vannerie, des Teinturiers, de la Vieille-Place-aux-*

Veaux, de la Vieille-Tannerie, de la Vieille-Lanterne, de Saint-Jérôme, de la Tuerie, et de la Joaillerie, fut donc un des premiers qu'il eut à faire exécuter.

Il apporta dans l'exécution de cet imposant travail, l'activité dont il donna, par la suite, tant de preuves.

Un mois après le décret du 29 juillet 1854, la reine d'Angleterre et le prince Albert venaient à l'Hôtel de Ville, où les attendait la plus admirable des fêtes organisées à l'occasion de leur séjour à Paris.

A la suite de cette visite, faite le soir du 23 août, la nouvelle voie, qu'on devait d'abord appeler boulevard de l'Hôtel de Ville, et dont on avait, ce jour-là, figuré la perspective par une habile décoration, prit le nom d'*avenue Victoria.*

La fête donnée à la reine d'Angleterre eut un éclat tout particulier. M. Haussmann y déploya cet art et cette entente merveilleuse de l'hospitalité, que tous les princes du monde, qui furent, de son temps, les hôtes de la Ville, ont, tour à tour, admirés.

Tout était peu à peu terminé, à l'intérieur du palais municipal comme à l'extérieur. Pour les fêtes du mariage de l'empereur, par exemple, au mois de janvier 1853, l'immense salle des fêtes, dont la décoration blanc et or avait été dirigée par M. Laurent Jan, s'était trouvée prête. Il n'avait fallu à Henri Lehmann que dix mois, de février à décembre 1852, pour achever les cinquante-six compositions, dont les cent quatre-vingt figures peuplaient dans « les pendentifs » et « les pénétrations », les sommités de cette galerie, longue de quarante-huit mètres, sur une largeur de douze et demi, égale à sa hauteur. (Fig. 54.)

De 1854 à 1866, les autres peintures furent peu à peu terminées : Eugène Delacroix peignit le *salon de la Paix*, Ingres le plafond du *salon de l'Empereur*, avec Napoléon Ier en apothéose; Auguste Hesse, le deuxième salon à arcades; Benouville et Cabanel, le *salon des Cariatides*; Alexandre Desgoffes, une partie de la *galerie des Paysages* et Landelle, le *deuxième salon des Arts*.

La cour centrale reçut sa couverture vitrée, et l'escalier à double rampe combinée de rinceaux et de balustres, qui menait à la galerie des fêtes. Au dehors, sur les façades, on mit, dans les dernières des quarante-six niches restées vides les statues d'illustres Parisiens qu'elles attendaient. Enfin, en 1866, la reconstruction du campanile, qui, depuis vingt ans, menaçait ruine, et auquel l'habile architecte M. Max Vautier donna alors de plus amples proportions, mieux en rapport avec la masse de l'ensemble, vint tout couronner.

C'est l'année suivante, celle de la nouvelle Exposition universelle, que l'Hôtel de Ville eut ses plus magnifiques fêtes, avec une telle affluence d'invités cosmopolites que son étendue, qui semblait ne plus devoir être insuffisante pour aucune foule, dut être augmentée, comme à l'époque où pour la moindre fête, on y était à l'étroit. Il fallut, par une construction provisoire sur la rue Lobau, donner une annexe à la galerie des fêtes dans toute sa longueur.

Parmi les hôtes de la Ville, se trouvaient, en ces splendides soirées, ceux de qui, à trois ans de là, devaient pro-

venir tant de désastres pour la France démembrée et Paris
bombardé.

L'Hôtel de Ville reçut le contre-coup de ces malheurs.

Nous y avons vu, à son origine, quand ses destinées

Fig. 55. — Cour Louis XVI sous la Commune.

commencèrent, Étienne Marcel, prévôt des marchands de
Paris, et chef de la municipalité, organiser la résistance
pour sauver le pays perdu par la royauté.

La même situation se renouvela en 1870, après la défaite
de Sedan, lorsque l'auteur de nos désastres, Napoléon III,
fut fait prisonnier et emmené en Allemagne.

Le Gouvernement impérial s'effondra. On dut constituer un nouveau Gouvernement. Il fallait, avant tout, organiser la résistance et pourvoir aux nécessités d'une situation qui paraissait désespérée. Étienne Arago, frère de l'illustre savant, Gambetta et quelques-uns de ses collègues de la Chambre, se rendirent à l'Hôtel de Ville, dès que la nouvelle du désastre de Sedan fut connue. Là, au milieu de l'agitation la plus vive, Ernest Picard rédigea une proclamation que signèrent avec lui MM. Gambetta, Jules Favre, Jules Ferry, et plus tard Simon, Pelletan, Dorian, Magnin et Garnier-Pagès.

Ainsi se constitua, sous la pression des événements, le Gouvernement provisoire.

Les noms des membres qui le composaient, de Gambetta, Favre, Pelletan, jetés à la foule massée sur la place de l'Hôtel de Ville, furent chaudement acclamés.

Les séances eurent d'abord lieu dans un cabinet situé entre les bureaux de la salle du Trône, et plus tard, dans le salon Jaune. Séances parfois troublées.

Le parti de l'émeute ne désarmait pas. Flourens, Blanqui, Delescluse, Pyat, Raspail et Millière en étaient les chefs. Flourens était le plus exalté.

Le 30 octobre à 4 heures du soir, avec 500 tirailleurs de Belleville, il envahit l'Hôtel de Ville, pénétra dans la salle où se tenaient les membres du gouvernement provisoire et, montant sur la table, il les somma de donner leur démission.

Le danger devenait pressant, car tout cela se passait au

milieu d'un double rang de Bellevillois, qui à chaque mot
un peu menaçant deleur chef, mettaient en joue les membres du gouvernement. Vers cinq heures, on entendit dans
l'escalier un clairon qui sonnait la charge. C'était le commandant Ibos avec un des bataillons du faubourg Saint-
Germain, le 106e, qui après avoir forcé une des portes sur
la rue Lobau, et s'être frayé passage à travers les Bellevillois de la cour, montaient intrépidement pour tout sauver. Flourens était toujours sur la table, broyant sous ses
talons les plumes et les encriers. M. Ibos s'y planta résolûment devant lui en criant : « Vive le gouvernement de la
Défense! à bas Flourens! » Pendant le tumulte effroyable
qui suivit, la table se cassa en deux. Lorsque le commandant se releva, il était pris, mais deux des membres du gouvernement, MM. Trochu et Ferry, étaient sauvés.

Quelques gardes du 106e les avaient enlevés et transportés au milieu des tirailleurs stupéfaits jusqu'à la place
Lobau, d'où M. Trochu regagna le Louvre et M. Ferry
l'état-major de la place Vendôme pour organiser la délivrance des autres. L'intervention d'un second bataillon du
faubourg Saint-Germain, le 17e, ayant en tête son commandant M. de Crisenoy, contribua, dans cette soirée péril-
leuse, au succès définitif.

Il força, comme le 106e, une des portes de l'Hôtel de
Ville, du côté de Saint-Gervais, s'établit au milieu d'une
des cours, dans une des galeries d'en bas, et sur l'un des
escaliers; tint en respect pendant trois heures les Bellevillois, délivra M. Ibos, et parvint même à saisir un ins-

tant Blanqui, mais sans pouvoir le garder. Il ne se retira vers onze heures, qu'après avoir permis à M. Trochu de réunir les bataillons qui, peu à peu, occupèrent la Grève, et avoir laissé aux gardes mobiles vendéens de la caserne Napoléon le temps d'envahir l'Hôtel de Ville par le passage souterrain.

Flourens, bloqué au dehors, traqué au dedans, n'eut plus qu'à prendre la fuite. C'est ce qu'il fit.

La fin approche. Encore une émeute, celle du 22 janvier. Le commandant Sapia du 101° la dirige. Il succombe devant la résistance des mobiles de la Vendée. Lamentable journée! Pendant que le sang coule à Paris, au loin on entend les canons prussiens. Lutte fratricide devant l'ennemi commun!

Nous arrivons à la crise suprême. Après l'armistice, la paix; paix sans honneur. Paris aurait pu espérer mieux de ses efforts, de ses privations si héroïquement subies. Puis, l'Assemblée élue dans un jour de malheur était, en majorité, composée de députés qui, dans la première séance, manifestèrent clairement leur intention de rétablir la monarchie. Faut-il s'étonner que, sous le coup de tant de déceptions et d'inquiétudes, la population parisienne se soit soulevée.

Le matin du 19 mars, après que le colonel Vabre eut été, faute de secours et même d'ordres, obligé d'en sortir, Lullier occupa l'Hôtel de Ville pour le comité central de la garde nationale.

C'est dans la salle placée à l'angle de l'Hôtel de Ville et du quai que le comité tenait ses séances.

Fig. 50. — Ruines de l'Hôtel de Ville, cour des Bureaux.

La Commune élue succéda, le 29 mars, à ce comité, qui se réfugia aux *Magasins réunis*.

Quand l'armée entra à Paris, le 21 mai, le point de ralliement suprême, pour les hommes de la Commune, fut l'Hôtel de Ville, dont leurs barricades, entassées à l'entour, avaient fait une sorte de forteresse.

Les troupes en eurent raison. Le 24 mai, à neuf heures du soir, la brigade Daguerre, de la division Vergé, forçait la Grève, mais ne trouvait plus que les ruines du palais municipal. Dès le matin, dix heures, les fédérés, se voyant perdus, y avaient mis le feu.

L'instigateur de cet acte odieux fut un menuisier, nommé Pindy, un des créateurs du comité central. Depuis le 2 avril, il était chef militaire de l'Hôtel de Ville, mais il n'y commandait que pour en préparer la destruction, à l'heure de la défaite. Lorsque cette défaite fut certaine, il mit à exécution ce qui, pendant six semaines, avait été sa menace de chaque jour. Les membres de la ligue des droits de Paris firent inutilement auprès de lui une suprême démarche. Le dernier qui lui parla, M. Bonvalet, vit en se retirant les zouaves de la Commune arroser de pétrole l'énorme amas de papiers dont ils avaient couvert le parquet de la galerie des fêtes.

A peine était-il à cent pas que tout flambait derrière lui, au bruit des canons de la place, qui tonnèrent ainsi jusqu'au soir pour empêcher qu'on ne vînt éteindre l'incendie.

Ils ne se turent qu'après l'effroyable ébranlement qui

fit tomber de son haut dans le cratère le campanile de fonte, déjà tout rouge. Cent barils de poudre amassés dans le sous-sol venaient de sauter. Tout était fini!

CHAPITRE VIII

Lorsque le gouvernement de la République fut rétabli
dans la capitale, après le 25 mai 1871, la préfecture de la
Seine, qui n'avait pas d'asile dans les ruines de l'Hôtel de
Ville incendié, alla prendre possession du palais du Luxembourg, où elle devait rester six ou sept ans, jusqu'à ce
qu'on lui eût fait une résidence provisoire dans le bâtiment du Louvre et dans le pavillon de Flore, aux Tuileries. Dès ses premières réunions, le Conseil municipal s'é-
tait préoccupé de la reconstruction de l'Hôtel de Ville, et
avait décidé qu'on mettrait de côté, dans le prochain
budget de la Ville, une somme de trois millions destinés
à cette reconstruction, dont l'époque était encore incer-
taine.

Une question aussi grave exigeait de longues combinai-
sons; car l'œuvre de reconstruction ne pouvait pas être
entreprise avant que la Ville, obérée par les énormes dépenses du siège de Paris et de la Commune révolution-

naire, eût constitué un fonds de réserve pour subvenir aux frais considérables d'une reconstruction partielle ou générale de son vieil Hôtel de Ville. Il fallait attendre l'émission d'un nouvel emprunt pour éteindre les dettes et créer des ressources. Cependant le préfet de la Seine, M. Léon Say, invita le Conseil des travaux d'architecture de la Ville à examiner la question d'art et à étudier les voies et moyens pour arriver à reconstruire rapidement, dans les meilleures conditions possibles, l'édifice que la Commune avait détruit. Ce Conseil se mit à l'œuvre immédiatement et consacra de nombreuses séances à cette importante affaire. Enfin il tomba d'accord sur les propositions qu'il croyait pouvoir soumettre à l'administration municipale, dans un rapport détaillé, dont la rédaction fut confiée à Louis-François Duc, architecte du Palais de Justice.

Voici quelle était la conclusion du rapport : « Il y a lieu de repousser le mode de concours, soit restreint, soit public, et de confier la désignation de l'architecte qui sera chargé de la réédification de l'Hôtel de Ville, à un jury nommé par le Conseil municipal, lequel choisira, entre tous les candidats qui se présenteront pour obtenir ce travail, celui d'entre eux dont les œuvres passées et les aptitudes connues offriront à l'administration municipale les meilleures garanties d'exécution. »

La sous-commission adopta en principe ces propositions, conseilla d'apporter à l'art moderne un style sobre et vigoureux à la fois, mais ne se prononça pas sur le style

qu'il conviendrait d'adopter afin de relier l'ancienne façade
au nouveau bâtiment.

D'après le rapport du Conseil des travaux d'architecture
et de cette sous-commission des Beaux-Arts et des Travaux historiques, le préfet de la Seine proposa au Conseil
municipal d'instituer une commission composée de huit
membres de ce conseil, qui s'adjoindraient à la commission
des Beaux-Arts, pour l'examen des avant-projets qu'on
voudrait leur présenter. Cette commission aurait à désigner trois architectes, les plus capables de dresser un
projet définitif et de diriger les travaux. Le préfet se réservait de choisir, entre ces trois architectes, celui auquel
serait confiée, dans les conditions du programme adopté,
la reconstruction de l'Hôtel de Ville. La commission de
huit membres du Conseil municipal repoussa la proposition du préfet et demanda que la reconstruction de l'Hôtel
de Ville fût mise au concours. Le Conseil municipal se
rangea tout entier à cet avis. De longues et minutieuses dé-
libérations déterminèrent le programme du concours qui
s'ouvrirait le 23 juillet 1872 et serait clos le 1er janvier 1873.
Ce programme reproduisait en partie les propositions architecturales exposées dans les différents rapports des commissions précédentes.

Soixante-dix projets avaient été envoyés au concours, et
l'exposition publique de ces projets fut ouverte, le 10 février 1873, au Palais de l'Industrie. Ce jour-là même, le
jury du concours commença ses travaux. Ce jury se composait de dix membres du Conseil municipal : MM. Perrin,

Piat, Jobbé-Duval, Ohnet, Binder, Thorel, Hérold, Vauthier, Delzant et Colin ; et de dix membres nommés par le préfet et pris dans l'administration de la Ville, ou dans la commission des Beaux-Arts et des Travaux historiques de la Ville : MM. Husson, secrétaire général de la préfecture de la Seine ; Alphand, directeur des travaux de la Ville ; Charles Blanc, chef de la division des Beaux-Arts au ministère de l'Instruction publique ; Bailly, architecte ; Duc, architecte, de l'Institut ; Guillaume, architecte, de l'Institut ; Labrouste, architecte, de l'Institut ; de Longpérier, de l'Académie des inscriptions et belles-lettres ; Vitet, de l'Académie française, et Croiseau, architecte-vérificateur. Les concurrents nommèrent dix membres du jury, tous architectes : MM. Millet, Ginain, Louvet, Leboueux, André, Ch. Garnier, Lefuel, Abadie, Lesueur et Viollet-le-Duc.

Sur les soixante-dix projets envoyés au concours, vingt-huit furent éliminés ; sur les autres qui avaient été d'abord réservés, on n'en retint que vingt, dont douze furent désignés comme n'ayant droit qu'à la prime uniforme de 2,500 francs. Ce fut au scrutin à marquer les rangs des huit concurrents, qui se disputaient le prix. Le scrutin donna le prix au projet de MM. Ballu et Deperthes. Des primes de 15,000, 12,000, 10,000, 8,000 et 5,000 francs, récompensèrent les autres concurrents, classés d'après le nombre de suffrages que leurs projets avaient réunis, MM. Rouyer, Davioud, Vaudremer, Magne, Moyaux et Lafforgue, Baltard, etc. — MM. Ballu et Deperthes, dont

Fig. 57. — Salle des séances du Conseil municipal (en 1882).

le projet avait été accepté par le jury, s'empressèrent d'y
apporter des modifications notables que le Conseil municipal et l'administration préfectorale acceptèrent successi-
vement. Malgré le programme du concours, qui spécifiait
expressément que les constructions existantes de l'ancien
édifice seraient utilisées dans la plus large mesure possible, les deux architectes, en insistant sur le peu de solidité de tout ce qui restait de l'ancien édifice, obtinrent
qu'on n'en garderait rien, pas même la salle Saint-Jean
qui était intacte, pas même la galerie des Fêtes qui n'était
que peu endommagée, pas même les vieilles fondations
reposant sur des blocs de pierre énormes.

Les architectes, dans un nouveau projet tout à fait dif-
fèrent de celui auquel le jury avait accordé le prix, éten-
dirent de 22 mètres la façade principale de l'édifice et
surélevèrent de plus de 3 mètres cette façade qui reproduisait d'ailleurs exactement celle dite du Boccador. Quant
au plan de leurs prédécesseurs Godde et Lesueur, ils ne le
ménagèrent pas; ils supprimèrent, au premier étage, dans
les deux corps de bâtiments élevés entre les pavillons
d'angle sur la place de l'Hôtel-de-Ville, les niches qui faisaient suite à celles de la façade centrale et que les architectes du règne de Louis-Philippe avaient destinées à
recevoir des statues de Parisiens célèbres; de plus ils
surchargèrent le comble d'une double rangée de hautes
lucarnes, différentes de grandeur, ainsi que d'ornementation, et très rapprochées l'une de l'autre, devant lesquelles
ils placèrent sur des pilastres les statues allégoriques des

villes de France. La forme et la disposition des croisées avaient été aussi changées : au lieu des baies cintrées avec colonnes engagées, que comprenait le premier étage dans la construction primitive, MM. Ballu et Deperthes pratiquèrent de larges ouvertures rectangulaires avec pilastres cannelés. Plusieurs des changements adoptés par les deux architectes étaient louables et utiles : ainsi l'élévation du premier étage de la façade du Boccador avait permis de donner plus de hauteur à l'étage du sous-sol et de l'entourer d'un fossé d'isolement, qui l'assainissait et qui l'éclairait mieux. La façade sur la rue de Rivoli avait subi une transformation moins heureuse, par suite de la création d'une espèce de hall extérieur, approprié aux services financiers de la Ville. La façade sur le quai aurait conservé son ancien caractère architectonique, si l'on n'avait pas continué, sur le comble, cette double rangée de lucarnes hautes et basses, que les statues des villes de France semblaient garder en avant, comme des sentinelles en faction. Sur la façade de la place Lobau, on avait substitué aux balustres et aux lucarnes de l'étage supérieur huit frontons, richement ornés, surmontant des œils-debœuf et accompagnés de caissons où devaient être sculptées les anciennes armoiries des principales villes de France. L'attique de la galerie des Fêtes offrait aussi une décoration toute nouvelle : sur la corniche des bâtiments, entre les pavillons d'angle, des génies tenaient la place des statues des villes, qu'on avait fait figurer sur les autres façades, et supportaient des écussons aux armoiries muni-

Fig. 58. — Statue d'Étienne Marcel.

cipales des villes qui n'étaient pas représentées allégori-
quement. En somme, le nouvel édifice était plus grandiose,
plus magnifique et plus symétrique que l'ancien augmenté
et complété au moyen de raccords successifs, plus ou
moins obligatoires et ingénieux.

On pouvait louer sans réserve la nouvelle disposition
intérieure de l'édifice, où l'on avait voulu faire disparaître
tous les vices de l'ancienne construction. Les trois anciennes cours, qui étaient de formes très irrégulières, de-
venaient trois cours carrées, un peu plus longues que
larges. On avait projeté d'élever, dans l'angle, du côté de
la galerie des Fêtes, deux tourelles, d'après le modèle de
la fameuse lanterne du château de Chambord, pour y
placer deux escaliers à vis, qui multiplieraient les commu-
nications entre toutes les parties des bâtiments voisins.
Les trois cours, y compris la cour d'honneur, allaient être
décorées de statues, de médaillons contenant des portraits
historiques et de cartouches aux armoiries de la Ville.
La construction nouvelle promettait de faire circuler l'air
et la lumière dans les parties les plus dédaignées et les
plus étouffées de l'Hôtel de Ville, qui était si froid, si hu-
mide, si obscur, dans le vieil édifice. On avait à l'intérieur, d'ailleurs, dans la disposition des locaux, conservé
autant que possible leur ancienne distribution : les appartements du préfet étaient comme auparavant, à l'entresol du corps de bâtiment sur le quai et dans le gros
pavillon d'angle sur la place. Le Conseil municipal s'était
attribué tout le premier étage dans les bâtiments de la

façade du Boccador. Il pouvait avoir ainsi, à sa portée, les services qui se rattachent directement à son action journalière; la salle de ses séances occupait l'emplacement de l'ancienne grand'salle, qui avait été le théâtre de tous les grands événements de l'histoire de la municipalité parisienne depuis le seizième siècle. Les bâtiments de l'aile gauche de l'Hôtel de Ville, sur la rue de Rivoli, étaient affectés spécialement aux bureaux; le rez-de-chaussée, aux services de l'emprunt et de la dette; l'entresol, à la caisse municipale et à la comptabilité; le premier étage, à la direction des affaires générales; le deuxième étage à la direction des travaux. La salle Saint-Jean et la galerie des Fêtes, lesquelles faisaient partie de la façade de derrière, avaient été démolies de fond en comble et devaient être édifiées, au même endroit, à peu près dans les mêmes proportions, mais avec de grandes modifications architecturales (1).

La dépense totale de la reconstruction de l'Hôtel de Ville avait été évaluée dans les premiers devis à quinze millions de francs. Mais les augmentations et les changements de travaux, proposés par les deux architectes lauréats, et consentis par le Conseil municipal, avaient élevé à plus de vingt millions la dépense prévue exclusivement pour l'architecture et la sculpture. On pouvait prévoir, en outre, que la dépense de la décoration intérieure, sculp-

---

(1) Depuis cette époque, par suite de l'insuffisance des locaux, un certain nombre de services ont dû être installés dans des annexes (ancienne caserne Lobau, avenue Victoria, etc.).

Fig. 59. — Cour du préfet.

tures, peintures, stucages, marbrerie, dorures, parquets,

glaces, etc., ne serait pas inférieure à huit ou dix millions. On avait déjà commandé, par exemple, au prix de 72,000 fr., trois cheminées monumentales, gaînes en marbre, pour la salle à manger, dans les appartements d'honneur. Il était donc certain que la totalité des dépenses monterait à plus de trente-cinq millions; mais ces dépenses seraient sagement réparties sur les budgets de douze ou quinze années. Les travaux, en effet, marchèrent d'abord avec beaucoup de lenteur et même avec hésitation, comme si l'argent, après trois emprunts de la Ville, eût manqué pour une œuvre que le Conseil municipal avait à cœur plus que toute autre. On s'étonnait que les fondations de l'Hôtel de Ville ne sortissent pas encore de terre, lorsque la Ville dépensait tant de millions pour l'ouverture de l'avenue de l'Opéra. Enfin l'heure vint de s'occuper presque exclusivement de la reconstruction de l'Hôtel de Ville, et aussitôt une prodigieuse activité fut imprimée simultanément à tous les travaux.

On peut dire que la reconstruction totale de ce magnifique édifice n'a pas duré plus de cinq ans. Le campanile, orné de grandes figures allégoriques, forme le centre de cette décoration. Sur le fronton deux femmes assises, sculptées par M. Gautier, soutiennent l'écusson des armoiries parisiennes, qui portent un navire sur une mer agitée, avec la devise : *Fluctuat, nec mergitur*; au-dessous, la statue colossale de la ville de Paris, bon ouvrage de M. Gautherin. Sur les deux pilastres qui encadrent l'horloge, deux groupes d'hommes et d'enfants, sculptés par M. Hiolle, représen-

tent l'Étude et le Travail. Deux figures courbées en acco-
toirs, dues au ciseau de Millet, représentant la Seine et la
Marne, complètent l'ensemble décoratif du campanile, qui
était beaucoup moins important dans l'ancien Hôtel de
Ville. Enfin, six statues dorées de chevaliers, symbole de
l'antique noblesse bourgeoise de Paris, se dressent, telles
qu'elles existaient autrefois, sur le faîte du grand comble
qui domine le bâtiment central du Boccador. Ce n'est pas
tout : trente statues allégoriques des principales villes de
France surmontent la corniche supérieure des deux corps
de logis, entre les gros pavillons d'angle et la façade res-
tituée du seizième siècle. Cent dix statues de grands hommes
et de personnages célèbres nés à Paris, exécutées en pierre
par les sculpteurs les plus distingués, sont distribuées, dans
des niches rondes, sur toutes les façades, au rez-de-chaussée, au premier et au second étage des corps de logis et
des pavillons d'angle.

Ce beau monument, qui fera autant d'honneur au talent
des deux architectes qu'à la sollicitude et à la munificence
du Conseil municipal, n'était pas encore achevé, mais son
état d'avancement permettait d'en faire l'inauguration.
Elle eut lieu, avec solennité, le 13 juillet 1882, veille de
la fête annuelle destinée à célébrer la fondation de la République. Le préfet de la Seine, qui était alors M. Floquet,
approuva et seconda sympathiquement les efforts du Conseil municipal, qui n'épargna rien pour que l'inauguration
fût digne du monument et de sa destination. Les deux architectes du monument, en moins de deux mois, mirent la

salle Saint-Jean, la galerie des Fêtes et plusieurs autres salles et salons, en état de recevoir, dans la soirée du 13 juillet, les nombreux et honorables invités du Conseil municipal. Ils firent enlever tous les échafaudages, comme si tous les travaux étaient terminés. On laissa subsister seulement la clôture en planches qui couvrait encore, au midi, le terrain destiné à former le jardin du préfet de la Seine.

Le 13 juillet, le monument, dont l'admirable façade éclatante de blancheur resplendissait aux rayons du soleil, déploya des drapeaux et des oriflammes à toutes ses fenêtres. M. Floquet, préfet de la Seine et M. Songeon, président du Conseil municipal, accompagnés d'une partie des conseillers, arrivèrent, vers 5 heures, pour passer en revue sur la place de l'Hôtel-de-Ville le 1er bataillon scolaire de la Ville de Paris. A 6 heures, les voitures de la Chambre et du Sénat amenèrent M. Brisson et M. Le Royer, présidents de ces deux corps de l'État, avec les membres de leur bureau. Le président du Conseil et les ministres vinrent ensuite. M. Grévy, président de la République, arriva le dernier, ayant à ses côtés M. Jules Ferry. Ils furent reçus par le préfet de la Seine et le président du Conseil municipal. Les conseillers municipaux formèrent le cortège du président de la République pour le conduire dans le salon d'honneur, tendu de tapisseries des Gobelins, faites exprès, à la fin de l'Empire, pour l'ancien Hôtel de Ville. La grande salle du Conseil, qu'on n'avait pas eu le temps d'achever, n'offrait pas d'autre ornement qu'une exposition des maquettes en plâtre des statues et des bas-reliefs qui devaient décorer

l'intérieur de l'Hôtel de Ville. Les convives furent intro-
duits presque aussitôt dans la salle du banquet.

La galerie des Fêtes, éclairée par vingt-quatre lustres à
bougies et à gaz et par des lampes électriques suspendues
au plafond, était ornée, d'un bout à l'autre, de faisceaux
de drapeaux tricolores. Outre la table d'honneur, celle du
président de la République, composée de quatre-vingts
couverts, il y avait quatorze tables, pour cent vingt-huit
invités. Chaque table avait son président d'honneur. Ces
invités choisis, comme le dit M. Floquet, parmi les plus
éminents et les plus humbles, étaient les représentants de
toutes les administrations publiques, de toutes les compagnies et sociétés commerciales, industrielles, financières,
philanthropiques, artistiques et savantes. La musique de
la garde républicaine et celle du 31° de ligne ne cessèrent
de jouer pendant le repas. Deux discours, sous forme de
toast, furent prononcés par le président du Conseil municipal et le préfet de la Seine, le premier au nom du Conseil municipal, le second au nom de l'administration de
la Ville de Paris. Le président de la République répondit
à ces discours, en portant un toast à la Ville de Paris et
en se félicitant « de voir sortir de ses ruines, avec une nouvelle splendeur, son vieil Hôtel de Ville, maison paternelle
de la cité, antique berceau de ses libertés municipales,
théâtre souvent glorieux, orageux quelquefois et toujours
attachant des dramatiques événements qui remplissent
son émouvante histoire ».

Ce fut également dans la galerie des Fêtes qu'après le

banquet, plus de 7,000 personnes appartenant à toutes les classes de la société furent reçues sur invitations personnelles. On peut donc dire que tout le peuple de Paris assistait, par ses représentants et ses délégués, à l'inauguration du nouvel Hôtel de Ville.

Depuis la fête du 13 juillet 1882, les travaux d'achèvement ont été poursuivis avec une incessante activité dans ce superbe monument, un des plus beaux de la capitale et de la France; et la municipalité parisienne est venue enfin y reprendre sa place six fois séculaire.

TABLE DES ILLUSTRATIONS

Pages.

TABLE DES MATIÈRES

CHAPITRE PREMIER.

CHAPITRE II.

CHAPITRE III.

CHAPITRE IV.

CHAPITRE V.

CHAPITRE VI.